Silvia Adela Kohan

OS SEGREDOS
DA CRIATIVIDADE

Técnicas para desenvolver a imaginação,
evitar bloqueios e expressar ideias

Guias do Escritor

Silvia Adela Kohan

Tradução: Gabriel Perissé

OS SEGREDOS DA CRIATIVIDADE

Técnicas para desenvolver a imaginação, evitar bloqueios e expressar ideias

Copyright © 2013 Alba Editorial, S.L.
Copyright desta edição © 2013 Editora Gutenberg

TÍTULO ORIGINAL
Los secretos de la creatividad: técnicas para potenciar la imaginación, evitar los bloqueos y plasmar ideas

PROJETO GRÁFICO
Diogo Droschi
Patrícia De Michelis

EDITORAÇÃO ELETRÔNICA
Conrado Esteves

TRADUÇÃO
Gabriel Perissé

PREPARAÇÃO
Cristina Antunes

REVISÃO
Lílian de Oliveira

EDITORA RESPONSÁVEL
Rejane Dias

Revisado conforme o Acordo Ortográfico da Língua Portuguesa de 1990, em vigor no Brasil desde janeiro de 2009.

Todos os direitos reservados pela Editora Gutenberg. Nenhuma parte desta publicação poderá ser reproduzida, seja por meios mecânicos, eletrônicos, seja via cópia xerográfica, sem a autorização prévia da Editora.

EDITORA GUTENBERG LTDA.

São Paulo
Av. Paulista, 2.073, Conjunto Nacional, Horsa I, 11º andar, Conj. 1.101
Cerqueira César . São Paulo . SP . 01311-940
Tel.: (55 11) 3034 4468

Belo Horizonte
Rua Aimorés, 981, 8º andar . Funcionários
30140-071 . Belo Horizonte . MG
Tel.: (55 31) 3214 5700

Televendas: 0800 283 13 22
www.editoragutenberg.com.br

Dados Internacionais de Catalogação na Publicação (CIP)
(Câmara Brasileira do Livro, SP, Brasil)

Kohan, Silvia Adela
  Os segredos da criatividade : técnicas para desenvolver a imaginação, evitar bloqueios e expressar ideias / Silvia Adela Kohan ; tradução Gabriel Perissé . -- Belo Horizonte : Editora Gutenberg, 2013 . -- (Coleção Guias do Escritor, 4)

  Título original: Los secretos de la creatividad : técnicas para potenciar la imaginación, evitar los bloqueos y plasmar ideas.
  Bibliografia
  ISBN: 978-85-8235-038-6

  1. Arte de escrever 2. Criação (Literária, artística, etc.) 3. Escritores 4. Teoria literária I. Título. II. Série.

13-00359   CDD-801.92

Índices para catálogo sistemático:
1. Criação literária   801.92

Sumário

1. PREPARAÇÃO PARA CRIAR ... 7
    Escolha o tema ... 8
    Apenas palavras ... 11
    O projeto ... 13
    Faça, mas que seja benfeito ... 14

2. ESCREVA A QUALQUER MOMENTO ... 17
    Você quer mas não consegue ... 18
    Possíveis causas do bloqueio ... 19
    Propicie bons resultados ... 21
    Você e sua autobiografia ... 22
    Para escrever a qualquer momento ... 23

3. DEFINA AS MELHORES CONDIÇÕES DE TRABALHO ... 29
    Um espaço pessoal ... 30
    A atitude e os hábitos ... 32
    Os horários ... 33
    Outros requisitos apropriados ... 34
    Escolher as ferramentas ... 37

4. INSPIRAÇÃO OU ABERTURA? ... 39
    A atitude de abertura ... 40
    Não depender da "inspiração" ... 41
    Só encontramos o que buscamos ... 42
    O bichinho escondido ... 42
    O ser criativo ... 43
    Etapas do processo criativo ... 45
    A faculdade fabuladora ... 46

5. EM BUSCA DE IMAGENS ... 47
    As imagens efêmeras ... 48
    A arte de fisgar imagens ... 49
    Exercícios para a imaginação ... 49
    As possíveis sementes e seu desenvolvimento ... 52
    Criar um arquivo ... 54

6. USE AS LEMBRANÇAS 55
Investigue sua árvore genealógica 57
Os objetos emblemáticos 58
Juntar pedaços 59

7. APROVEITE TODO TIPO DE LEITURA 61
Seus antecessores são a melhor escola 62
Seu caminho pessoal 62
Tire proveito de suas leituras 64
Desmontar o artefato 65
Plagiar frases 66
A frase no contexto 67
A motivação imediata 67

8. ATREVA-SE A ESCUTAR E OBSERVAR 69
Escutar 70
O ritmo pessoal 71
Ver 72
Olhar detidamente 75
A visão e os outros sentidos 75
À procura da realidade 77

9. PRESTE ATENÇÃO AO SEU CORPO 79
Por partes 80
O corpo fala 82
Dados para possíveis personagens 85

10. A CONCRETIZAÇÃO DA IDEIA 87
Da mente para o papel 88
Evitar ideias preconcebidas 89
Mãos à obra 89
Não confundir um clarão com a ideia 90
Partir do fragmento 91
Não escrever dominado pelas emoções 92
Controlar as ideias 92
A desejada concretização 93

11. ESCOLHA MAIS FERRAMENTAS 95
A documentação 96
O uso do dicionário 96
Dicionários, gramáticas e afins 97
Do universo literário 98
Outras temáticas 99

NOTAS 101

1.
Preparação para criar

Tudo o que está ao nosso redor pode se transformar em ficção literária. Coisas que você vê, suas sensações e sentimentos, suas lembranças, seus sonhos, tudo isso passa pelo crivo da imaginação. Cada vida humana é uma colagem singular. O mundo inteiro oferece material para inspirar nossos textos. Mas como este processo se dá, concretamente?

Você gostaria de escrever e já armazenou muitas ideias que nunca saíram do estado embrionário. Depois de ler um bom livro, você já se surpreendeu pensando coisas como: "eu jamais conseguiria escrever algo assim" ou "isso nunca passou pela minha cabeça", reações que não condizem com seus desejos. No entanto, a matéria-prima com que um escritor trabalha, a linguagem, é algo comum a todos os indivíduos, e a atividade de contar histórias é a mais habitual entre os seres humanos.

A primeira coisa a fazer, portanto, é preparar-se para criar.

Preparar-se para escrever exige que você saiba com clareza sobre o que vai escrever, ainda que lhe pareça algo banal, insignificante, algo inferior ao que outra pessoa escreveria ou simplesmente um beco sem saída. Não importa, escreva assim mesmo. Você só encontrará a resposta durante o próprio ato de reorganizar seus pensamentos na página em branco ou na tela do computador.

ESCOLHA O TEMA

Só pelo fato de viver neste planeta você já tem ao seu alcance material de sobra para criar. Contudo, se não se preparar com antecedência, não saberá identificá-lo.

A preparação para criar nos conduz a um estado quase permanente de pesquisa e descoberta. O objetivo é escolher um tema dentro de um todo. O tema pode ser externo — uma situação que servirá como pretexto para produzir uma história, uma narrativa, um poema —, ou interno, que consiste numa conexão especial da pessoa consigo mesma.

As atitudes essenciais são as seguintes:

Prestar atenção e registrar

O escritor recolhe do seu entorno algo especial que dá sentido a tudo ou vai à procura de uma fresta pela qual possa entrar e construir uma nova realidade.

O escritor peruano Alfredo Bryce Echenique diz que "para escrever livros é preciso estar empanturrado de espanto". E acrescenta:

> Faz mais de trinta anos desde quando escrevi meus primeiros contos, e continuo cultivando a disciplina, o trabalho, revisando meu texto cada vez mais para manter esse tom, essa vivacidade de estilo que leva muitas pessoas a me perguntarem: "Vem cá, você não revisa seus textos, não?". Meu maior segredo é que pareço não revisar meus textos. Meu próximo romance vai se chamar *Vendo a tristeza sofrer*. O título nasceu de uma frase de minha babá, que morou na minha casa e cuidou de três gerações da família. Era mestiça. Na década de 1980, quando voltei de Paris para Lima, procurei saber onde estava a nossa babá, cujo nome era Rosa. Ela me deu o apelido de Chinito, e, na última vez em que estive com ela, perguntei como andava de saúde. E ela respondeu: "Aqui estou, meu filho, vendo a tristeza sofrer". Acredito que minha sensibilidade atua de diferentes modos, de acordo com o tema escolhido. Costumo recordar fatos bem concretos e criar a partir daí. Para mim não há problema algum em reconhecer que a realidade é meu ponto de partida, embora eu não seja aquele tipo de pessoa que vive anotando tudo o que acontece no seu dia a dia.

Estabelecer metas

Defina um objetivo. Escrever dez linhas por dia, escrever vinte parágrafos, cada qual com um determinado número de caracteres, criar histórias curtas seguindo diferentes estruturas...

O escritor belga Georges Simenon, por exemplo, começou a escrever sobre a genealogia de sua família, após o médico lhe ter dado apenas mais dois anos de vida. Queria, com isso, contar ao filho a história de seus antepassados.

Determinando metas a atingir, você terá elementos concretos para retomar seu texto todos os dias.

Recriar a realidade

No entanto, embora seu ponto de partida seja a realidade, e as informações de seu texto sejam do conhecimento de todos, será necessário empregar uma série de artifícios para dar um novo sentido à sua história. Você deverá ter a ousadia de interpretar a realidade segundo sua própria visão de mundo, ressaltando aspectos que construirão um quebra-cabeça particular. Como disse o escritor espanhol Manuel Vázquez Montalbán:

> Todo escritor se inspira na realidade. O que acontece é que o jogo literário é essencialmente irreal. Os escritores vivem e contemplam a vida como todo mundo, mas ao mesmo tempo imaginam uma realidade alternativa, reconstruída com as palavras. As pessoas normais têm uma relação direta com o real, lidam com isso e se tornam pedreiros, banqueiros ou militares... Já o escritor deixa de lado a realidade e organiza os elementos disponíveis com suas palavras, em busca de uma realidade alternativa.

Ou seja, você deve escolher os materiais de construção para elaborar seu texto a partir do seu cotidiano, de tudo aquilo que acontece no mundo, das histórias que alguém lhe conta, daquilo que você mesmo imagina. Depois, precisa analisar se os elementos escolhidos são realmente os melhores ou se, ao contrário, são pouco significativos ou não passam de lugares-comuns. O escritor dedica boa parte do tempo da criação a essa análise.

Deixe que a realidade penetre em seu mundo interior e lhe ofereça elementos

O poeta vienense Hugo von Hofmannsthal comenta:

> [...] Não é que o poeta pense incessantemente em todas as coisas do mundo, elas é que pensam nele. Estão nele, o dominam. Mesmo seus momentos difíceis, seus dias de depressão, seus desatinos são estados impessoais, correspondem aos sobressaltos do sismógrafo. Um olhar suficientemente profundo poderia ler nele segredos ainda mais misteriosos do que nos próprios poemas.

Aceite as influências das coisas que acontecem de modo inesperado e afetam sua emoção, seu sentimento, fazem você se recordar de algo ou geram uma impressão especial.

Valorize suas anotações

Mas o que fazer com as anotações que você for fazendo ao longo do tempo? Leia e se divirta com esses apontamentos. Valorize-os. Leia-os como se fossem o melhor dos livros e escreva novas ideias, inspirando-se neles e desenvolvendo-os. Como dizia Oscar Wilde:

> Nunca viajo sem meu diário. A gente sempre deve ter algo excepcional para ler no trem.

APENAS PALAVRAS

À medida que você for se "apropriando" das palavras, descobrindo quais delas lhe dão mais prazer pelo significado ou pela sonoridade, você sentirá maior segurança para escrever. Veja as palavras como peças de montar intercambiáveis dentro do texto. Você poderá manuseá-las, explorando seus sentidos e sons, experimentando combinações de letras e procurando sinônimos no dicionário.

Convivendo com as palavras, verá que graças a elas você pensa, e que tudo o que você escreve, afinal, são palavras.

Mas não tente abranger todas elas, sem critério. Comece escolhendo as que lhe pareçam mais interessantes e confeccione uma lista pessoal que motivará seu trabalho e fará parte do seu estilo.

Cada palavra carrega dentro de si uma explosão de sentidos; toda palavra oculta outras muitas palavras. Deixe-se levar por elas, passeie entre elas, teça uma rede ilimitada de palavras, tudo isso trará resultados estimulantes. Um texto é composto de parágrafos, que se compõem de orações, e as orações são feitas de palavras. Se você treinar bastante, inventando palavras e deslocando-as de lá para cá, rapidamente encontrará um bom tema.

A palavra literária não se esgota ao ser pronunciada ou incluída numa nota informativa. Estabeleça contato com ela sem medo, e sem se apegar ao seu significado literal.

Experimente as seguintes opções:

a. Mude o sentido das palavras, troque-as de lugar na frase, divida-as em pedaços e transforme esses pedaços em novas palavras.

Vejamos como pôr em prática essas possibilidades a partir da seguinte frase:

O trem parou na estação enquanto o apito de outro trem anunciava sua chegada.

- Mudar o sentido:
O trem da vida não para. (A palavra *trem* não possui, aqui, o significado que recebe no dicionário.)

- Trocar as palavras de lugar dentro da frase:
Enquanto o apito de outro trem anunciava sua chegada, a estação recebia o trem cheio de passageiros que vinham com cara de sono. (Amplia-se ou altera-se a ideia inicial.)

- Dividir a palavra em pedaços e transformá-los em outras palavras:
O trem parou na...

converte-se em:
No outro dia, o homem parecia querer ouvir a nossa história.

ou em:
O menino, trêmulo, não parava de chorar, assustado com o naufrágio.

Como você pode perceber, letras e sílabas das palavras de uma frase passam a ser componentes de outras.

b. Procure sentidos ocultos:

Que palavras estão escondidas no nome completo de uma pessoa?

Exemplo:

No nome *Luiz Sampaio de Almeida* escondem-se:
Luz, paio, paiol, alma, meia, mapa, mel, paz, azul, limpo, pulo, etc.

c. Combine duas ou mais frases, criando novas sentenças com o menor número possível de palavras:

As frases escolhidas são essas:

Frase A: *Os homens carregavam areia.*
Frase B: *Evaristo espantava as moscas.*
Frase C: *No hotel, todos dormiam, menos ela.*

As combinações poderiam ser:

1. *Ela espantava os homens, enquanto Evaristo carregava areia para o hotel.*
2. *No hotel, todos dormiam; ela carregava areia e depois espantava as moscas com Evaristo.*
3. *Evaristo e ela dormiam.*
4. *Os homens espantavam as moscas.*
5. *As moscas carregavam os homens.*
6. *Evaristo espantava a todos, menos ela.*
7. *A areia dormia no hotel.*

Nos exemplos anteriores, de acordo com a combinação produzida a partir das mesmas frases, conseguimos criar diferentes atmosferas:
Nos exemplos 1, 2 e 3, a atmosfera resultante é verossímil.
Nos exemplos 4 e 5, temos um clima de narrativa fantástica.
No exemplo 6, a atmosfera é amorosa.
No exemplo 7, poderia ser a atmosfera de uma narrativa infantil.

O PROJETO

A aceitação de que tudo o que existe pode se transformar em material literário nos deixa mais atentos a tudo. Com a prática, você conseguirá produzir os estímulos necessários, em vez de esperar que surjam sozinhos. Esta é uma forma de ampliar a realidade.
O filósofo José Antonio Marina assim o explica:

> Criar é submeter as operações mentais a um projeto criador. E o que dá a um projeto esse caráter criativo? Em primeiro lugar, que seja livre. Todas as vacilações ou delongamentos — como a rotina, o automatismo ou a cópia — são simultaneamente grave encolhimento da criatividade.

Quando formulamos um projeto criativo, situamos o objetivo em algum lugar remoto e problemático para o qual nos sentimos atraídos. É como se o nosso braço, estendido diante de nós, se voltasse para nós sinalizando-nos para seguir em frente. O poeta espanhol Valle-Inclán, por exemplo, era impulsionado pelo desejo, ao mesmo tempo sensato e com nuances circenses, de "unir palavras que nunca estiveram unidas antes".

A atividade criadora transforma o que é trivial em algo sugestivo.

Uma frase, um acontecimento banal, uma imagem qualquer pode desencadear uma atividade criadora completa.

> O extraordinário pode habitar lugares ou situações as mais rotineiras, mas é preciso dedicar muito tempo para encontrá-lo.

FAÇA, MAS QUE SEJA BENFEITO

A meta agora é preparar-se para escrever, certo? Então, escreva o que quiser, mas não cegamente.

No início, não pense em nenhum destinatário concreto. Nem se preocupe com nenhuma conveniência alheia ao próprio ato de escrever: fale sobre algo de que você goste, que tenha relação com você e lhe agrade.

Tendo feito isso, você poderá, num segundo momento, preocupar-se com o fato de que a satisfação pessoal não é a única coisa que justifica o esforço de escrever. Embora a satisfação seja o primeiro passo, não é suficiente para que sua obra obtenha a desejada repercussão.

Assim, porque você deseja escrever melhor, terá de enfrentar uma série de perguntas:

Por que escrevo?
O que é, para mim, um bom texto?
Como escrever um bom livro?
Que autor eu considero um bom escritor e por quê?
Como administro meu tempo para poder escrever?
Consigo ser original? Como?
Sobre o que escrevo?
Qual a principal fonte de meus textos e qual a minha intenção ao escrever?
O que me estimula a escrever uma narrativa?
Que influências a sociedade exerce sobre mim?
Quais são as minhas convicções?
Que desafios técnicos eu imponho a mim mesmo?
Como defino meu possível estilo?

O meu texto leva alguém a desejar relê-lo?
Como poderei publicar meus textos?

Dedique o tempo que for necessário para responder a essas questões. Reflita sobre elas durante uma semana, um mês... Anote as respostas e guarde-as. Quanto mais perguntas fizer sobre seu próprio processo de escrita, mais facilmente você se reconhecerá como escritor ou escritora.

Outras perguntas sobre o ofício de escrever deverão ser formuladas, após ter produzido seu primeiro trabalho: usar a metáfora ou evitá-la? Fazer meu personagem falar ou deixá-lo calado? Ampliar um capítulo ou encurtá-lo?, etc.

Em síntese, essas perguntas são muito mais úteis do que duvidar da sua capacidade de escrever.

> Interprete o mundo, escrevendo com autenticidade, mas sem fazer concessões.

2.

Escreva a qualquer momento

A experiência do bloqueio é sentida como uma limitação exasperadora. Esse "branco" que nos invade a mente pode apresentar-se no começo do processo da escrita, ao iniciarmos o trabalho, ou no seu transcurso, quando, em meio ao desenvolvimento das ideias, não conseguimos dar continuidade ao texto e o deixamos inacabado.

VOCÊ QUER MAS NÃO CONSEGUE

É possível que você se identifique com as frases abaixo, muito frequentes entre as pessoas que escrevem:

> *É difícil encontrar uma hora para escrever.*
> *Acabo deixando para escrever no dia seguinte.*
> *Não escrevo do jeito como eu gostaria.*
> *Não sei por onde começar meu texto.*

Se alguma vez na vida você já repetiu essas frases é porque, talvez, no fundo, pense que escrever é uma atividade inútil ou obrigatória. Inútil porque não tem utilidade imediata, a exemplo de outras coisas que você faz na vida, e obrigatória porque você teve de estabelecer um horário fixo para escrever.

Para superar essas dificuldades você deve considerar que escrever é uma atividade tão natural como comer, dormir, respirar... Tenha ao seu alcance um bloco de papel e escreva algo ao longo do dia, sem se prender a horários, enquanto realiza alguma tarefa, entre o almoço e o cafezinho, durante os comerciais da TV.

Pouco a pouco, dedique-se a escrever por puro prazer, sem se preocupar muito com o que está dizendo ou com o modo de fazê-lo. Revisar e corrigir o texto pertencem a uma segunda etapa.

Também pode ser o caso de você ter o desejo de escrever, mas se sentir sem ideias. Contudo, quando descobrir os mecanismos capazes de abrir as comportas mentais, verá como o processo fluirá melhor. Nesse meio-tempo, não se torture, simplesmente vá escrevendo. Por outro lado, o próprio obstáculo que lhe causa problemas poderá se tornar uma solução, como se, de repente, em vez de enfrentar um inimigo você pedisse a ele uma ajuda!

Como transformar a dificuldade numa solução produtiva?

Comece por escrever justamente sobre aquilo que atrapalha a sua vontade de escrever. Ou seja, escolha como tema do seu texto tudo o que acontece quando "lhe dá um branco". Por exemplo: "Não queria que minha mente estivesse assim, vazia; não gostaria de sentir essa dor na alma, se é que a alma pode doer...", etc.

Ou você pode estar enfrentando o problema de não saber como integrar um personagem à história. Recorra então a essa própria negação que tanto incomoda e transfira o "não" para o personagem, como nesta passagem de um livro de Erik Orsenna:

Então Gabriel não fez mais nenhuma pergunta, não chamou por sua tão jovem esposa, não gritou "onde está você?", não correu para o porto, não percorreu aos prantos a casa de alto a baixo, não abriu nenhum armário, nenhuma gaveta, não olhou para a cama, não escondeu o rosto no travesseiro da direita onde forçosamente restava um pouco de seu perfume, não abriu qualquer garrafa, nem de uísque, nem de gim, nem de cachaça, não expulsou com um pontapé o cãozinho pardo, presente dos francófilos na véspera (para lhe fazer companhia, madame, enquanto o bebê não chega) e por ela batizado de George Sand, não rasgou nenhuma fotografia, não fez uma bolinha com a carta de dezesseis palavras, Gabriel, não o abandono, vou-me embora. Se o medo persiste, de que vale sermos dois, não a queimou com seu isqueiro de mecha torcida, não enviou telegrama para a ilha de la Jatte, tampouco para o quase palácio parisiense Washington e d'Albany [...].
(Erik Orsenna, *A exposição colonial*)[1]

POSSÍVEIS CAUSAS DO BLOQUEIO

O bloqueio deixa qualquer um angustiado.

Você começa a acreditar que não tem ideias próprias e sente uma enorme frustração. Em vez de pensar que essa situação é passageira, você vai se convencendo de que o bloqueio é uma característica inata. O mal-estar é crescente; você se vê condenado a repetir as ideias dos outros em vez de difundir as suas.

Ora, por que isso acontece conosco, se sabemos que todo mundo é capaz de pensar, imaginar, fazer associações, inventar, provocar em si um estado de inspiração?

Veja qual das causas a seguir está na origem do seu bloqueio:

- *Você se sente vazio por dentro e acredita que não pode dar ao mundo nenhum tipo de contribuição escrita.* O bloqueio

confirma a ideia de que lhe falta originalidade e de que somente algumas pessoas geniais, muito diferentes dos seres humanos normais e comuns, são realmente capazes de criar.
- *Você se assusta diante do bloqueio.* E tenta concretizar o desejo de abarcar tudo, em vez de trabalhar com os pormenores, os fragmentos, as coisas pequenas.
- *Você fomenta o perfeccionismo.* Você se preocupa mais com o resultado do que com o processo. Ansiando escrever a história perfeita, perde de vista a realidade concreta, as múltiplas possibilidades de contar as histórias do dia a dia. Lembre-se do que disse Leonard Woolf: "O que importa é a viagem, não o destino".
- *Você pratica uma exagerada autocrítica*, com base na qual corrige constantemente, desde o início do processo, tudo o que escreve. Esse comportamento extenuante e injustificado não permite que o seu texto avance, restringindo-o e restringindo você também. Vale a pena lembrar, porém, que dentro de você habitam outros "eus", além desse que você vê agora.
- *Você tem medo de se expor.* E por isso não inclui personagens autobiográficos, não se permitindo escrever com total liberdade. Essa é uma limitação séria. Sua primeira reação é a autocensura. Não quer mostrar nem a si mesmo o que deseja escrever, imaginando que isso o expõe demais. Contudo, as coisas sobre as quais você não pode falar acabam emperrando o ato de escrever. A censura é o pior inimigo da criatividade.
- *Você envia mensagens negativas para si mesmo*:

— É melhor não escrever isso.
— Esse texto não vale nada.
— Isso é absurdo.
— Isso não tem utilidade nenhuma.
— Não vou conseguir.
— Isso é simplório demais.
— Outras pessoas fariam melhor.
— O que eu escrevo é chato.
— Meu texto é pior do que o dos outros.
— Não tenho nada para dizer.
— Quem vai se interessar por isso?

- *Você se agarra à lógica.* Seguir um fio cronológico não é escrever de modo criativo. Escrever não é copiar a realidade em sua ordem cotidiana, mas transformar essa realidade, imaginando o que poderia ter acontecido, e não apenas o que costuma acontecer. Iniciar o texto com "acordou", continuar com "levantou-se da cama", "escovou os dentes", "vestiu-se", "tomou café da manhã" e "saiu à rua" é apenas explicar ou informar. Escrever não pode ser um pretexto para informar. Muito mais significativo seria contar de que modo o personagem acordou, levantou-se, etc., enfatizando sua maneira pessoal de realizar cada uma dessas ações.
- *Você escolhe leitores surdos.* Insiste em ler seus textos para um público inadequado, o que desestimula qualquer escritor.

Essas atitudes levam a uma constante interrupção do fluxo da escrita.

Se o seu processo é assim, você precisa superar o bloqueio na escrita; mude suas convicções e mudará sua disposição para criar.

Mas como fazê-lo?

PROPICIE BONS RESULTADOS

Convença-se de que o bloqueio faz parte do processo criativo e constitui mecanismo de defesa positivo contra todas as atitudes nocivas há pouco enumeradas.

Existem pessoas mais fluentes, mais flexíveis, mais ousadas, mais livres e mais confiantes do que outras, mas a fluência e a flexibilidade podem ser adquiridas.

Vejamos a seguir algumas possibilidades favoráveis a uma boa escrita:

- Pule as etapas lógicas, drible-as, elimine-as ou deixe-as no campo do subliminar.
- Escreva sobre as coisas que o apaixonam, mesmo que ache que as outras pessoas vão considerá-las absurdas. Ser autêntico é mais importante do que ser "normal", isto é, de acordo com as normas.
- Crie sua própria maneira de contar histórias. Por que descrever um ambiente de inverno com uma chaminé ou alguém usando um imenso cachecol, se você dispõe de

tantas outras imagens que remetem ao inverno, imagens inusitadas que chamarão bem mais a atenção do leitor?
- Há um tempo para cada coisa. Por isso, não coloque o carro na frente dos bois: primeiro, escreva sem corrigir, e depois se dedique a corrigir seu texto.
- A crítica negativa tende a bloquear: comece a escrever com espírito positivo. É aquela antiga ideia: diante de uma garrafa pela metade, veja a garrafa meio cheia, e não meio vazia.
- Seus melhores leitores são, em geral, aqueles que também escrevem. Não apenas olham o seu manuscrito do ponto de vista da compreensão, mas podem sugerir novas ideias. Se um leitor interessado vai lendo seu trabalho à medida que se produz, página a página, o benefício é duplo, pois irá indicando as alterações (positivas e negativas) no próprio "transcorrer" dos textos. Quando perguntaram a Ezra Pound se alguém havia lido seus trabalhos para ajudá-lo com críticas ou cortes de palavras, Pound respondeu:

Com exceção de Fordie (Ford Madox Ford), rolando no chão indecorosamente e segurando a cabeça entre as mãos e gemendo em uma ocasião, não creio que alguém tenha me ajudado nos meus manuscritos. O material de Ford me parecia muito indefinido na época, mas ele liderou a luta contra os arcaísmos terciários. [...] Ajudou-me a avançar na direção de uma forma natural e simples de escrever. (Ezra Pound em entrevista)[2]

Em suma, você cria as dificuldades e você pode reconhecê-las e superá-las. Não importa que não goste do que escreve, continue escrevendo.

Você é livre para expressar o que quiser. É daí, entre outras coisas, que nasce o prazer de escrever.

VOCÊ E SUA AUTOBIOGRAFIA

Como podemos perceber, os obstáculos que travam sua criatividade são os sentimentos relacionados à sua própria autoavaliação.

Como você conjuga sua vida com a sua necessidade de escrever? E como você lida com o fato de querer escrever sobre temas muito pessoais que o deixarão vulnerável?

Enquanto você tiver questões pendentes não conseguirá pensar em novos temas. Há coisas que você não tem coragem de dizer nem a si mesmo. Você atribui seu medo à ideia de que alguém poderia ler sobre temas constrangedores, mas é possível que seja você quem tenha medo de encarar esses temas.

Uma saída é levar seus personagens a agirem de um modo que você não agiria. Defina o perfil de cada personagem e responda a perguntas como: "O que ele ou ela faria nesta situação?", "Por que faria isso?", "O que diria?".

PARA ESCREVER A QUALQUER MOMENTO

Para superar a paralisia da criatividade a solução é substituir a preocupação pela ocupação. Leve em consideração os seguintes mecanismos extremamente eficazes:

1. Aprenda a estabelecer associações

Entre elementos diferentes

Estabeleça associações entre um violão e um fuzil. Explique a relação passo a passo até fundir os dois objetos no texto.

A partir das palavras

Cada palavra traz à mente do indivíduo um conjunto complexo de associações. Escreva uma palavra-chave no meio de uma folha de papel em branco e faça derivar um número indeterminado de palavras.

Exemplo:

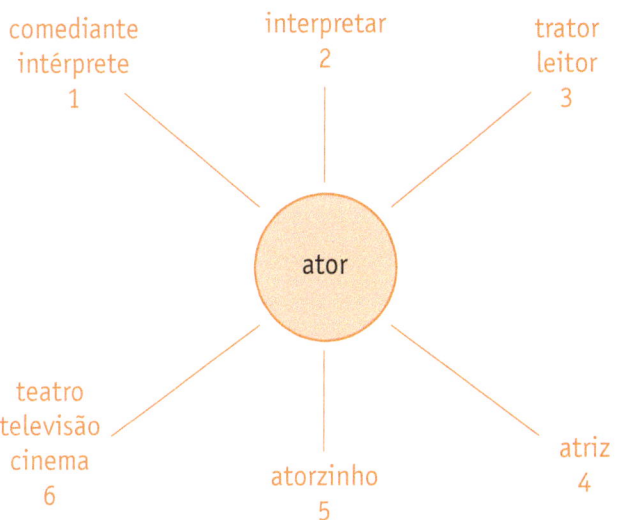

Associações:

> 1 = Sujeito
> 2 = Ação
> 3 = Semelhanças sonoras
> 4 = Feminino do sujeito
> 5 = Diminutivo
> 6 = Lugar

Ou então feche os olhos e se concentre durante alguns minutos, imaginando uma página. Abra os olhos e comece a escrever imediatamente sobre o que via ou não via na página enquanto estava com os olhos fechados.

2. Recupere histórias orais

Recuperar as histórias que lhe contaram em algum momento da vida pode ser muito produtivo. Esse caminho foi produtivo para inúmeros escritores, que, na infância, ouviam lendas e contos populares ao redor de uma fogueira, ou, na hora de dormir, tinham um pai ou uma avó para lhes contar histórias cujas cenas e personagens reapareciam depois em seus sonhos. Anos mais tarde, essas narrativas não só despertaram a necessidade de escrever, mas foram resgatadas por esses escritores com um toque pessoal. Episódios, comentários e diálogos ouvidos naquela ocasião, na intimidade do lar, foram entrelaçados com histórias inventadas.

Faça uma compilação de histórias alheias e se aproprie de algum aspecto ou de sua totalidade. Italo Calvino explica esse procedimento no prefácio de *A trilha dos ninhos de aranha*, seu primeiro romance:

> *Tínhamos vivido a guerra, e nós, os mais jovens [...], não nos sentíamos esmagados [...], mas vencedores [...]. Muitas coisas surgiram daquele clima, e também o tom dos meus primeiros contos e do primeiro romance.*
>
> *[...] Ter saído de uma experiência — guerra, guerra civil — que não poupara ninguém estabelecia uma comunicação imediata entre o escritor e seu público: estávamos frente a frente, em pé de igualdade, cheios de histórias para contar, cada qual tivera a sua, cada qual vivera vidas irregulares dramáticas aventureiras, roubávamos as palavras uns da boca dos outros. A renascida liberdade de falar [...].*

Quem começou a escrever se viu, então, tratando da mesma matéria que o anônimo narrador oral: às histórias que tínhamos vivido pessoalmente ou das quais fôramos espectadores se somavam as que haviam nos alcançado já como narrações, com uma voz, uma inflexão, uma expressão mímica. Durante a guerra partigiana as histórias que acabávamos de viver se transformavam e se transfiguravam em histórias contadas à noite ao redor da fogueira, já adquiriam um estilo, uma linguagem, um humor um tanto fanfarrão, uma busca de efeitos angustiantes ou truculentos. Alguns dos meus contos, algumas páginas deste romance, têm na origem essa tradição oral recém-nascida, nos fatos, na linguagem.
(Italo Calvino, *A trilha dos ninhos de aranha*)[3]

Peça a outras pessoas que lhe contem histórias vividas num determinado período da vida. Faça perguntas específicas, e depois trabalhe sobre esse material.
Suponhamos que duas das histórias ouvidas foram estas:

> *Minha mãe teve de pular o muro da casa vizinha para a nossa, porque tinha esquecido de levar as chaves, mas depois descobriu que a porta estava aberta.*
> *Encontrei-me com um amigo num hotel da cidade e o reconheci pelas costas.*

Utilize uma das histórias tal como lhe foi contada, selecionando as informações que mais lhe interessam para criar uma pequena narrativa. Ou utilize informações das duas histórias recebidas e combine essas informações entre si, assim, por exemplo:

> *Minha mãe teve de pular o muro da casa vizinha*
> *A porta estava aberta*
> *Encontrei-me com um amigo*
> *Eu o reconheci pelas costas*
>
> *Minha mãe abriu a porta. Reconheceu o amigo que a estava esperando desde cedo. Às suas costas...*

3. Pratique o pensamento divergente

Gianni Rodari, o maior inovador dos modos tradicionais de compor textos, com sua "arte de inventar histórias", confiava no poder libertador da palavra. "Não para que todos sejam artistas, mas para que ninguém seja escravo", enfatizava, e entendia a "criatividade" como "sinônimo de pensamento divergente", em contraposição ao pensamento convergente, no qual toda causa tem um efeito e cada problema, uma única solução, em lugar de muitas outras:

É "criativa" uma mente que trabalha, que sempre faz perguntas, que descobre problemas onde os outros encontram respostas satisfatórias (na comodidade das situações onde se deve farejar o perigo), que é capaz de juízos autônomos e independentes (do pai, do professor e da sociedade), que recusa o codificado, que remanuseia objetos e conceitos sem se deixar inibir pelo conformismo. Todas essas qualidades manifestam-se no processo criativo. E esse processo — ouçam bem! — tem um caráter jocoso [...].
(Gianni Rodari, *Gramática da fantasia*)[4]

Entre as propostas para a escrita criativa de Rodari, você pode experimentar as seguintes:

- *O binômio fantástico*. A história flui a partir de duas palavras estranhas entre si ("trem" e "crocodilo", por exemplo), distantes uma da outra no significado e na sonoridade.
- *As hipóteses fantásticas*. A história continua a partir da pergunta: "O que aconteceria se...?" (por exemplo, o que aconteceria se você recebesse pelo correio um menino de sete anos de idade dentro de uma lata, narrativa desenvolvida pela escritora austríaca Christine Nöstlinger em *O novo Pinóquio*).
- *Errando as histórias*. Desvirtuar as narrativas tradicionais, alterando o papel dos personagens ou misturando personagens de histórias diferentes, por exemplo.
- *Fábulas em chave obrigatória*. Reinventar histórias do passado e de outros lugares em nossa cidade e na atualidade.
- *Construção de um "limerick"*, forma poética baseada no *nonsense*, em que cada verso tem uma determinada indicação.
- *O prefixo arbitrário*. Deformar as palavras com o acréscimo de prefixos incomuns.
- *Colagem de diferentes manchetes de jornais*. Pode sair daí uma história sugestiva ou com traços humorísticos.
- *Preparar um questionário para um personagem absurdo*. Entrevistas preparadas para personagens especiais que vivem em lugares inusitados.

- *Desenvolver histórias para brincar.* Histórias breves com três finais possíveis.

4. Trabalhe com frases curtas

Não pense em escrever um texto muito extenso, não se assuste diante da possibilidade de um romance interminável nem se martirize imaginando que, para começar um conto, deve saber de antemão como concluí-lo.

Escreva frases, apenas. Com o tempo você verá o que fazer com elas. O importante é que não deixe de escrever.

Para que uma frase desperte a imaginação do leitor é necessária uma série de condições. De modo especial, convém que a frase inicial seja misteriosa. Uma frase ambígua ou aparentemente absurda desperta a curiosidade. Começar um texto assim:

> *O despertador tocou, mas ele não queria se levantar da cama.*

é bem diferente do que... assim:

> *Faltavam apenas quinze minutos para que viessem buscá-lo.*

A segunda frase é mais exata e provoca mais curiosidade. Uma frase absurda poderia ser:

> *Ao abrir sua boca, saiu um jorro de água escura.*

Portanto, vá escrevendo frases contundentes e absurdas, e no trajeto poderá deparar com o texto que lhe parecia inalcançável.

5. Reflita

Se você souber com clareza por que escreve, escreverá sem restrições.

Escolha uma destas respostas à reflexão sobre "Por que escrevo?", ou invente sua própria resposta e escreva a respeito.

- Para ser eterno.
- Para me compreender, porque, oralmente, não consigo expressar o que sinto.
- Para corrigir minha própria vida.
- Para completar ou inventar mundos em que desejaria viver.

- Para me comunicar.
- Para solucionar conflitos, transferindo-os para um personagem.

Agora, faça a si mesmo(a) a pergunta: O que eu quero como escritor(a)?

Certamente, as respostas que você der serão a chave para transformar o bloqueio em livre caminhar.

3.

Defina as melhores condições de trabalho

Escrever sozinho ou no meio de uma multidão? De pé ou estirado na cama? Até altas horas da noite ou começando bem de madrugada? Sem pensar no que vai escrever ou nada escrever sem antes pensar? A lista de variáveis é inesgotável. As diferentes possibilidades são válidas, mas você deve saber quais são as suas preferências, para poder criar as melhores (mas não as únicas) condições para trabalhar, respeitando seus hábitos e manias.

UM ESPAÇO PESSOAL

Cada escritor tem seu território, seu reinado. Um país, uma cidade, um povoado, o campo, o mar... Jean-Jacques Rousseau gostava de lugares isolados e recordava o tempo em que morou num pequeno castelo de Montmorency. Thomas Bernhard dizia que cidades formosas como Roma, Florença, Taormina ou Salzburgo prejudicavam sua criatividade, ao passo que as cidades feias o ajudavam a escrever melhor.

Você sabe, com clareza, que tipo de espaço favorece seu processo de criação? Você prefere escrever em casa ou numa lanchonete? Há quem fique dispersivo nos lugares abertos, basta uma brisa para atrapalhar a concentração. Mas com outras pessoas ocorre o contrário.

Para escrever e, de modo especial, no processo que antecede a criação do texto, você deve aprender a se conhecer, respeitando suas necessidades e evitando situações de desconforto. Se você prefere o interior de uma casa, é mais apropriado ter um cantinho agradável, onde possa ficar horas e horas. Mas movimentar o corpo também põe as ideias em ação. Fazer um pouco de ginástica ou dar uma caminhada podem ser exercícios muito bons para a criatividade. É provável que aquela ideia que se negava a aparecer venha à tona durante o movimento ou numa mudança de espaço.

Muitos escritores, como Ernest Hemingway, Simone de Beauvoir ou James Joyce, prefeririam uma mesa de bar. E não dizem que foi num bar que nasceu Harry Potter porque sua autora não tinha um espaço mais cômodo para ficar durante o inverno?

Se você também se sente mais à vontade para escrever num bar ou numa lanchonete, escolha o ambiente que mais lhe agrade, pela decoração, pela arrumação das mesas, ou por um cantinho que lhe pareça mais atraente, pela atitude dos garçons, ou por sua localização na cidade, tomando o cuidado de ir naquelas horas em que o movimento de clientes não é tão grande.

Há quem prefira um cômodo dentro de casa, um lugar pequeno ou grande, com aspecto de escritório, uma cadeira anatômica, máquina de escrever, computador, aparelho de som, estantes repletas de livros, como solução para se isolar do barulho externo ou para consultar alguma página a esmo, quando as palavras fogem da mente.

Em outros casos, basta um lugar qualquer para manifestar o escritor que existe dentro de você. Se escrever durante a noite, coloque uma luminária à sua esquerda (como recomendam os oftalmologistas), mas evite o quarto de dormir.

Às vezes a mesa da cozinha ou a banheira podem ser lugares motivadores, embora você não possa deixar a tarefa ali, pela metade, pensando em retomá-la mais tarde. Será preciso reorganizar tudo ao voltar ao trabalho.

Também se pode escolher um espaço itinerante. Há escritores que produzem na rua ou na estrada.

Seja como for, é bom reservar um lugar para os livros específicos. Ponha um cartazete com o aviso: "Escritor trabalhando", e deixe ali o material de que precisa para trabalhar durante um mês, ou uma semana: dicionários, gramáticas, livros prediletos e inspiradores, e os clássicos.

Um entrevistador da *Paris Review* descreveu assim o local de trabalho do escritor inglês E. M. Forster:

Um salão espaçoso e de pé-direito alto, mobiliado ao estilo eduardiano. Uma sólida prateleira de madeira entalhada, de elaborada estrutura, contendo porcelana azul em seus nichos, chamava a atenção acima da lareira. Nas paredes, em molduras douradas, grandes retratos desenhados (seus antepassados Thornston e outros), um Turner feito por seu tio-avô e alguns quadros modernos. Livros de toda espécie, bonitos ou não, em inglês e francês; poltronas enfeitadas com pequenos xales; um piano, uma mesinha de jogar paciência e a caixa de um caleidoscópio; cartas abertas em profusão; os chinelos bem arrumados numa cesta de papéis usados. (Entrevista com E. M. Foster)[5]

> Escrever num bar pode facilitar a concentração, oferecendo uma distração alheia ao trabalho. Escrever em casa traz a vantagem do contato com numerosos livros. Escrever durante uma viagem garante uma variação de estímulos.

A ATITUDE E OS HÁBITOS

Pode ser que você necessite ficar sozinho para trabalhar melhor.

Seja você muito metódico ou se distraia com facilidade, precisará estar no seu ambiente, praticando certos ritos, os cigarros no lugar certo, água ou outra bebida, algum livro que você goste por perto.

Você talvez se deite, olhe pela janela ou leia algo para começar a escrever.

Você escreve à mão. Ou no computador. Ou utiliza ambas as formas, dependendo da conveniência.

Você não se incomoda com os barulhos ao seu redor, ou prefere caminhar até que venha uma boa ideia.

O hábito pode estar associado à produção. Isto é, pode ser que você encontre seu ritmo ao saber o que vai escrever e como vai desenvolver seu texto de acordo com certos costumes. Era o que acontecia com Hemingway quando estava trabalhando num livro ou num conto...

[...] escrevo diariamente de manhã, a partir da hora em que surge a primeira luz. Não tem ninguém para perturbar, é fresco, ou mesmo frio. Começo a trabalhar e vou esquentando conforme escrevo. Leio o que fiz no dia anterior e, como sempre paro num trecho a partir do qual sei o que vai acontecer, prossigo desse ponto. Escrevo até chegar a um momento em que, ainda não tendo perdido o gás, posso antecipar o que vem em seguida; paro e tento sobreviver até o dia seguinte, para voltar à carga. [...] A interrupção dá uma sensação de vazio, e ao mesmo tempo não é um vazio, mas um transbordamento, como quando se faz amor com quem se ama. Não há nada que o atinja, nada acontece, nada tem sentido até o dia seguinte, quando você faz tudo de novo. Difícil é viver a espera até o dia seguinte.
(Entrevista com Ernest Hemingway)[6]

OS HORÁRIOS

Você gosta de acordar cedo e ficar meditando longamente durante o café da manhã. Ou talvez prefira esperar o início da noite.

O trabalho do escritor não depende do relógio ou do calendário, como acontece numa empresa em que os funcionários têm de bater o cartão de ponto. No entanto, o artista deve criar sua própria "rotina" de trabalho, uma rotina que dependa muito mais da chamada do seu ser interior do que de uma série de regras rigidamente estabelecidas, uma rotina que corresponda ao ritmo e impulsos pessoais.

A escritora espanhola Soledad Puértolas fala de uma rotina à sua medida:

> Do ponto de vista da organização, não conheço método melhor do que o de escrever todos os dias na hora que me é mais propícia: de manhã. Não preciso fazer muito esforço para isso, essa é a verdade. Outra atividade exigiria de mim mais esforço, ou menos, mas o fato de sentar para escrever de manhã é exatamente o que quero fazer.

De qualquer forma, o horário será definido pelos momentos em que se tem mais lucidez.

O escritor espanhol José Luis Sampedro disse:

> Alguns escritores precisam tomar café, uísque ou algum outro tipo de estimulante. Eu não recorro a nada disso. Acordo bem cedo, às 5h30 da manhã; antigamente acordava por volta das 4 da madrugada. É na parte da manhã que me sinto mais desperto e mais lúcido. Vou me cansando ao longo do dia. Nessas primeiras horas, porém, ninguém me procura, o telefone não toca, não há muito barulho, os problemas não aparecem, para mim tudo isso é fundamental. É nesses momentos que faço e aconteço em meus romances. Escrevo até o final da manhã, e à tarde vou ao cinema ou dou uma volta por aí.

Mas às vezes as ideias surgem quando menos se espera. O poeta argentino Juan Gelman dizia que experimenta a chegada da poesia em horas em que não tem condições de escrever, quando está conversando com alguém, por exemplo. As coisas acontecem na rua, na mente, nas pessoas que passam ao seu lado, nas palavras que você ouve, e tudo isso vai se acumulando. De algum modo, certamente reaparecerão quando você se dispuser a escrever.

O importante é que:

Em primeiro lugar, não force uma situação quando não sentir o desejo de escrever.

Em segundo lugar, defina o melhor momento do dia para escrever, que pode ou não ser sempre o mesmo.

Em terceiro lugar, reconheça e respeite o tempo em que você pode dedicar-se a escrever.

Podemos dedicar dias inteiros ou momentos específicos. Tudo é válido, se o seu processo criativo render. Assim nos conta Doris Lessing:

> Quando eu estava cuidando de um bebê, tive de aprender a aproveitar os breves lapsos de tempo que sobravam, e escrever com o máximo de concentração. Se aparecia um fim de semana ou uma semana mais tranquilos, conseguia produzir incrivelmente. Estes hábitos se arraigaram em mim. Na verdade, seria muito melhor que eu trabalhasse agora mais lentamente, mas tornou-se um hábito. Vejo que quase todas as mulheres escrevem como eu... ao passo que Graham Greene, pelo que sei, escreve duzentas palavras perfeitas por dia.

OUTROS REQUISITOS APROPRIADOS

1. Prepare-se ativamente

Estar no espaço ideal na hora ideal não é a única condição para que as ideias aflorem. Não é o único requisito indispensável. O que fazer quando surgem as interferências?

Certa vez, um futuro escritor, solenemente instalado num cômodo de sua casa, mordia a ponta da caneta e dava tratos à bola. Sua mãe, acreditando que o filho estava ali sem fazer nada, sentou-se ao seu lado e não parava de falar.

O futuro escritor não a escutava, mas também não tinha coragem de pedir que fosse embora. Com receio de magoá-la, preferiu ele próprio sair e ir para um bar.

O bar estava vazio, o que o deixou animado. Escolheu uma mesa isolada e pediu uma bebida. A garçonete veio servi-lo e, vendo que ele era o único cliente, começou a falar sem parar. O futuro escritor não teve coragem de interrompê-la, mordia com mais força a ponta da caneta, via uma ideia em forma de barco atravessar sua mente, mas não conseguia passá-la para o papel sem um lugar tranquilo onde pudesse escrever.

Desolado, saiu do bar e pegou o metrô com o intuito de visitar um amigo. No meio do trajeto, quando já tinha desistido de escrever qualquer coisa, a história surgiu sozinha, o barco reapareceu, dentro do qual as duas mulheres falavam sem parar como protagonistas. Pegou seu caderninho e escreveu o conto de uma só vez. Nem viu sua estação passar, mas conseguiu colocar um ponto final na história. E descobriu que o metrô era um ótimo lugar para escrever, embora também tenha aprendido como era necessário pôr limites às pessoas que viessem atrapalhar seus momentos de criação.

A mente humana funciona assim nos processos criativos. É preciso agir com energia para o produto adquirir consistência.

2. Escreva diariamente

Um escritor deve produzir todos os dias, que seja um parágrafo, uma ou duas páginas. Está descartado aquele velho lugar-comum: "Não tenho tempo". T. S. Eliot só tinha tempo para escrever seus poemas de manhã bem cedo, no escritório do banco em que trabalhava, antes do expediente.

Reservar tempo para escrever, diariamente, mesmo sendo um tempo curto, é obrigação fundamental do escritor.

3. Faça anotações

O contrário da falta de tempo é ter a vida inteira para escrever, isolando-se do mundo e da realidade cotidiana. Portanto, saia à rua de vez em quando, para captar novas sensações e anotá-las, mesmo que depois não utilize essas anotações diretamente. São um ótimo exercício.

4. Movimente-se

Não fique imóvel. De quando em quando, dê uma volta e, durante a caminhada, pense no texto, na ideia que está desenvolvendo, no conflito que vai incluir em sua história, nas palavras que pretende usar, abra novos caminhos.

5. Converse com o gravador

Na frente de um gravador, lembre histórias de uma pessoa que você conheceu, contando-as do ponto de vista dessa pessoa. Pouco a pouco surgirá uma narrativa.

Ou vá lançando ideias a esmo. Ao ouvir depois a gravação, certamente você identificará uma série de caminhos para escrever.

6. Invente um interlocutor ideal

Ter em mente, desde o início, quem poderia ser o seu interlocutor, facilita o caminho, permitindo-lhe encontrar o tom mais adequado para o seu texto. Muitos escritores afirmam que, encontrando-se este tom, as dificuldades desaparecem.

7. Seja natural

Não escreva de modo rebuscado. Por que usar palavras complicadas que nada têm a ver com o que você pretende expressar? Julio Cortázar dizia: "Por que diacho há uma espécie de 'muro da vergonha' entre a nossa vida e a nossa literatura?", referindo-se ao fato de muitos escritores perderem a naturalidade e se tornarem rígidos e formais em seus textos. E acrescentava:

Quantos deles conheci que, se houvessem escrito como pensavam, inventavam ou falavam nas mesas de bar ou nos papos depois de um concerto ou de uma luta de boxe, conquistariam a admiração cuja ausência continuam atribuindo aos motivos deplorados com lágrimas e folhetos pelas sociedades de escritores: esnobismo do público que prefere os estrangeiros sem olhar o que tem em casa, evidente perversidade dos editores, e não continuemos mais, senão até o neném vai chorar.
(Julio Cortázar, *A volta ao dia em 80 mundos*)[7]

8. Reconheça suas fontes

Qual o seu ponto de partida para escrever? A realidade pura e simples ou a união entre a realidade e outras experiências como as do sonho, por exemplo?

Em que medida o elemento autobiográfico está presente?

Seja como for, o seu entorno também se reflete em seus textos e você deve ter consciência disso.

A imaginação, a pesquisa, ser um excelente leitor e a vontade de criar são as bases do ofício do escritor de ficção. Mas além disso é inevitável a interação entre a imaginação e a situação histórica de cada um, a importância da religião, da política e da história, a situação vital, tudo isso se reflete numa produção literária. No escritor tcheco Milan Kundera nota-se o encontro entre política e sexualidade; na romancista irlandesa Edna O'Brien, o peso do exílio.

Em geral, as modalidades variam ao longo do tempo, e você pode incluir novos elementos. Suas convicções talvez não se alterem. Ter tudo isso em mente pode facilitar sua tarefa.

ESCOLHER AS FERRAMENTAS

As ferramentas para "manipular" a linguagem fazem parte do prazer de escrever: lápis, caneta, papel ou computador. Se você gosta da sua letra, escreva primeiramente à mão, será um ato sensual; caso contrário, as máquinas transformam as ideias em caracteres semelhantes aos dos livros impressos.

Por último: para algumas pessoas é mais produtivo falar escrevendo, isto é, usar um gravador.

De qualquer modo, os instrumentos existem para que possamos nos expressar. Por vezes, o ideal é senti-los como um prolongamento do nosso corpo. Para isso, além de testar os diversos modelos de canetas, é bom conhecer os tipos de papel: caderno grande ou pequeno, de folhas pautadas ou quadriculadas, de papel reciclado, colorido, ou branco, mais semelhante ao espaço para escrever da tela do computador, cuja cor você também pode alterar de acordo com seu gosto.

No computador, o texto é sempre provisório. É mais fácil você ir digitando e jogando suas ideias para depois ver o que fará com elas.

Ver as letras aparecendo uma a uma na tela do computador propicia uma relação com o texto muito diferente da que experimentamos no caso do manuscrito.

4.
Inspiração ou abertura?

É frequente relacionarmos a intuição criadora com o estado de inspiração. Ao longo da história, a inspiração ou foi elogiada de modo excessivo por uns ou negada por outros. Muitos poetas e escritores, desde Platão e Aristóteles, acreditaram nos pressentimentos, nos arroubos ou nas súbitas iluminações. Alfred de Musset afirmou: "Não trabalhamos, escutamos. É como se um desconhecido nos falasse ao ouvido".

Na realidade, existe um período de concentração, que cada um vive ao seu modo, no qual se realiza uma preparação para receber a semente que vem do próprio criador.

A ATITUDE DE ABERTURA

Cada indivíduo tem uma atitude diferente perante o mundo. Cada ser humano possui um ponto de vista que o leva a fazer uma interpretação particular da realidade. O mesmo ocorre com o ponto de vista que adotamos durante o ato criativo, nesse tempo que podemos denominar anterior ao texto.

Estarmos cientes dessa atitude pode ser útil quando nos preparamos para escrever. Observe o que acontece com você a cada passo do processo criativo e faça as suas anotações. Será outra ferramenta de trabalho.

Faça a si mesmo a seguinte pergunta: de que modo tem início o meu processo de criação?

Há uma gama de possibilidades, que o crítico literário alemão Julius Petersen esquematizou e podemos considerar a seguir:

1. A inspiração imediata, irrupção fulminante da ideia artística no sujeito, "a expressão imediata da vivência".
2. A inspiração febril e dolorosa, ou caótica; o artista se sente preso a um processo tenso que produz angústia e arrebatamento.
3. A concentração consciente intuitiva, ou construtiva: um esforço coordenado do artista que vai unindo diferentes representações (vividas, literárias, plásticas) para criar a obra.
4. A reflexão, em que uma ideia prévia atrai uma série de ideias secundárias oferecidas pela observação ou pela memória.
5. A crítica produtiva, quando uma obra surge como reação a outra. É o caso, por exemplo, de *D. Quixote* em reação a *Amadis de Gaula* e outros livros de cavalaria.

Em geral, a criação literária compreende duas etapas: a intuitiva e a de configuração.

A invenção corresponde à primeira etapa e consiste em atinar com a ideia que dará origem ao tema.

Digamos que você já possui um tema aparentemente definido, um tema convincente e cativante. Contudo, quando resolve levá-lo para o papel, não começa a abordá-lo do modo como tinha "visto" mentalmente. No caminho que vai da mente à caneta e da caneta ao papel, ou da mente à mão e da mão à tela do computador, os fios da futura trama se enredam e ganham espessura.

Durante a escrita propriamente dita, multiplicam-se as possibilidades e você se desvia, tomando rumos inesperados. É a hora de parar e escolher.

Quando se analisa uma obra, é comum mencionar "a ideia que o autor quis transmitir". Sobre isso, Goethe disse a um amigo: "Perguntaram-me que ideia eu quis transmitir no *Fausto*, como se eu soubesse ou pudesse explicar tal coisa!". Já não era esse o caso do escritor Friedrich Schiller, que admitia ficar dominado pelas ideias que geravam seus textos.

NÃO DEPENDER DA "INSPIRAÇÃO"

O que se costuma chamar de inspiração, esse súbito arrebatamento, não é um arrebatamento, mas, simplesmente, o resultado de algo que você já estava procurando. Você vai acumulando fragmentos e, num dado momento, surge a ponta do fio da meada. Esse momento é chamado de inspiração, mas a ideia já estava em elaboração em sua mente há um bom tempo. Henry Miller dizia que a maior parte da criação literária se faz enquanto a pessoa está passeando, conversando com alguém, divertindo-se. A mente trabalha sem parar e o escritor tem antenas especiais. A "iluminação" é uma consequência natural, e não uma exceção.

Não espere a aparição repentina de uma torrente de ideias. Ficar esperando a inspiração leva à passividade (não fazer nada, a não ser esperar). Durante este tempo, você não age de maneira positiva ou construtiva. Em vez de encarar a escrita como uma atividade (gerar ideias, organizar os pensamentos, esquematizar, planejar, propor teses ou ideias principais, esboçar alguns parágrafos, etc.), esperar a inspiração acaba provocando o bloqueio.

Superamos esse bloqueio ao estabelecer uma colaboração entre as noções conscientes e as habilidades criativas.

Mas o ambiente agradável para o escritor (um jardim, um escritório e um bule de café por perto, um ambiente com música tranquila) não é apenas um lugar para se sentar e ficar à espera da inspiração ou da musa.

> O império das ideias originais está no "inconsciente".
> A inspiração vem depois.

SÓ ENCONTRAMOS O QUE BUSCAMOS

Um primeiro estímulo pode causar uma emoção forte, prazerosa ou negativa. Um cartaz que se lê na rua, um trecho musical, uma cena caseira ou outra coisa qualquer. Portanto, o estímulo é o próprio ato de escrever.

A inspiração vem depois do trabalho, é sentir que algo vai se resolver, é uma sensação de tranquilidade.

Inventar não é tirar algo do nada: inventar é encontrar algo. E só encontramos o que estamos buscando. Os achados fortuitos são muito raros na literatura. A invenção, portanto, supõe que alguém se esforce para encontrar um tema e tudo o que se relacione com ele. É a busca das ideias necessárias para produzir determinada impressão; é a escolha, dentre um certo número de impressões iniciais, de conceitos ou fatos que servirão de base para nosso pensamento num momento específico.

A inspiração surge após esse processo emocional que assalta o escritor ou é por ele perseguido.

> Escrevemos bem o que vivemos profundamente. Se as ideias não vêm é porque o assunto não está suficientemente maduro.

O BICHINHO ESCONDIDO

A inspiração às vezes se esconde nos cantos mais obscuros e você começa a pensar que não tem nada para escrever. Mas, veja, se o seu desejo for suficientemente forte, deve procurar o bichinho onde quer que tenha se escondido. Freud esclarece essa questão:

> A proibição deve ser concebida como o resultado de uma ambivalência afetiva. Em todos os casos de proibição, esta deve ter sido motivada por um desejo inconfessado e inconsciente.

A meta é retirar os véus. Esta é, precisamente, a função da arte: expressar a qualquer preço o que está oculto por trás do espesso muro.

E então escarafunchar esse muro até alcançar a inspiração em seu máximo esplendor. Não é uma tarefa que se faça pela metade, mas respeitando as seguintes indicações:

- Escolha um tema que seja do seu interesse, mas não só porque você gosta dele ou por ser uma obsessão sua. A decisão por determinado tema se deve ao fato de você intuir que possui material suficiente acumulado em seu inconsciente e em sua consciência, e que pode desenvolvê-lo.
- Faça o tema passar pelo filtro de seus sentimentos.
- Pense no tema constantemente até que ele transborde e você sinta a necessidade de livrar-se dele.
- Mãos à obra! "Escrever é colocar o acaso em andamento. Só o acaso oferece uma saída", disse Jorge Luis Borges.

Escreva o que vem à sua mente, ponha rapidamente no papel ou na tela do computador aquilo que passou pela sua cabeça. Para começar, tudo é válido. No texto há espaço para todo o tipo de palavras: ambíguas, malditas, românticas, atrevidas, disfarçadas, diretas, sedutoras e impuras. Deixe-se levar por elas, vá de palavra em palavra. Tecer uma rede infinita produz resultados estimulantes.

> A ansiedade não é boa conselheira. Para encontrar as ideias é necessário manter as antenas preparadas e saber esperar.

O SER CRIATIVO

O que existe anteriormente ao texto? Existe um mundo interno, próprio de cada indivíduo, resultado de uma história pessoal, e um mundo externo que envolve o indivíduo.

O mundo interno e o mundo externo confluem no texto em virtude de dois fatores básicos do ser criativo: fluidez e flexibilidade.

Os fatores que dificultam ou facilitam a criatividade passam pelo mundo interno. Trata-se de vencer as resistências e os medos, aprendendo a transformá-los em material literário.

Quando escrevemos, mobilizamos toda nossa experiência pessoal. Cada escritor deve conectar-se consigo mesmo, sem interferências, para que a mente impulsione a mão e a mão acione a ferramenta escolhida.

Todas as pessoas são naturalmente imaginativas e potencialmente criativas. A diferença entre as que são vistas como não criativas e as que são consideradas criativas é que estas últimas expressam uma resposta nova perante um problema ou produzem numerosas ideias num breve espaço de tempo.

Registre as características do ser criativo e olhe para você com absoluta sinceridade. Quais dessas características você possui e quais delas precisa adquirir?

Ao fazer essa análise, você talvez encontre um caminho mais produtivo. Vejamos que características são estas:

- Sentir grande curiosidade.
- Aceitar críticas.
- Suportar pressões.
- Trabalhar em qualquer lugar e em mais de uma coisa ao mesmo tempo.
- Observar as coisas a partir de pontos de vista peculiares. Ver os múltiplos aspectos de um problema.
- Não processar as ideias sempre do mesmo modo.
- Jogar as ideias sem prejulgamentos e sem medo do que os outros vão pensar.
- Não se adaptar às ideias dos outros.
- Ter versatilidade. Ter flexibilidade para realizar mudanças.
- Estar motivado, independentemente dos fatores externos que sempre boicotam a criatividade.
- Ser original. Ter o íntimo desejo de ser diferente.
- Elaborar com serenidade, concentrando-se mais no processo do que no produto.
- Saber perceber o momento certo em que o produto (o texto) está pronto para o mercado (publicação).

> O ser criativo encontra soluções diferentes e inusitadas, mas é preciso saber mobilizar os recursos na hora certa.

ETAPAS DO PROCESSO CRIATIVO

O processo criativo passa por quatro etapas que você deve respeitar para conectar-se com seu mundo interior:

1. Preparação

Reunir dados: produzir imagens, visualizar.

2. Incubação

"Tenho vários temas dando voltas na minha cabeça", é uma frase típica de escritores. Ao chegar nesse ponto, descanse sua mente. Espere. O tema mais forte acabará se destacando dos outros após um período de incubação. E se prepare para quando o fio da meada surgir.

Mas não tente fazer com que diferentes ideias caibam à força num mesmo texto. Deixe que cada ideia cresça ao seu tempo, aproveitando ao máximo o que cada uma puder oferecer.

3. Descoberta

Surge a faísca, a iluminação. Aspectos até então isolados começam a se articular entre si. Aparece a ponto do fio da meada. Puxando esse fio você terá o texto literário.

4. Escrita

Organizar e desenvolver o material existente.

Nota: A etapa de correção ou revisão é posterior e se refere ao modo próprio de escrever.

As etapas que se devem levar em conta abarcam:
- Ter consciência a respeito de suas predisposições: seu modo de criar.
- Desenvolver o material compilado no momento certo: seu modo de organizar o material.
- Conseguir um efeito expressivo com sentido: seu modo de escrever.

A seguir:

- Saber como transcorre seu processo criativo o levará a deter-se, antes de começar um texto, para ajustar o foco a partir de um olhar próprio.
- Saber como você escreve o ajudará a escolher entre diferentes variantes.

Você não precisa ser um predestinado para começar a escrever. A única condição necessária para mergulhar na escrita é dedicar-se todos os dias à tarefa, não permitindo que essa ideia de predestinação venha atrapalhar.

A FACULDADE FABULADORA

D. Nepomuceno Carlos de Cárdenas era um senhor de engenho em Cubaque que decidiu fomentar a capacidade fabuladora de seus escravos. Convicto, afirmava que fabular é uma capacidade própria do ser humano e que basta apertar o gatilho para que surja uma primeira ideia fantástica, a partir da qual toda uma história pode ser criada. E assim conta ele o que aconteceu certa vez, como fruto de seus ensinamentos:

> Todas as noites antes de dormir, sentado na varanda que dá para o poente, tenho por hábito beber um copo de vinho. Encontrava-me assim uma noite dessas, quando ouvi um grande alarido vindo do local onde ficam os escravos, a não mais de duzentos metros da casa-grande. Peguei no meu escritório as duas pistolas que estão sempre carregadas e saí para descobrir o que estava acontecendo. Na pequena praça que se abre no meio das palhoças, encontrei homens e mulheres reunidos alvoroçados e em pânico. Estavam sentados ao redor do fogo, preparando o jantar, quando um dos criados, certamente seguindo meus conselhos, disse que a fogueira parecia a língua de um animal e que todos estavam dentro de sua boca. A noite estava muito escura e foi tal o empenho do narrador para convencê-los de sua ideia que acabaram se sentindo na goela de um ser desconhecido. Quis o acaso que uma rajada de vento, frequente por estas bandas, agitasse as copas das árvores e quebrasse um galho. Uma mulher gritou: "A boca está se fechando!", e a imaginação sem freios dos outros fez o resto.

> É necessário aprender a ver todas as coisas como o início possível de uma história.

5.

Em busca
de imagens

As imagens efêmeras e os sentimentos podem ser bons caminhos para criar um texto.

AS IMAGENS EFÊMERAS

A atividade criadora pode começar com uma imagem efêmera. Uma pequena visão pode levar à projeção e criação de um romance, um filme, um conto.

O terceiro homem, de Graham Greene, nasceu, conforme contava o próprio autor, da imagem de um homem descendo de um trem, em Viena, levando debaixo do braço um romance ocidental. Para que essa imagem perdurasse e se desenvolvesse deve ter havido uma intenção do escritor, um desejo estético, um projeto criador.

Cada escritor é um compêndio de fantasmas, como podemos deduzir das palavras de Tennessee Williams:

> O processo pelo qual surge uma ideia para uma obra é algo que eu nunca soube explicar concretamente. Uma obra parece simplesmente materializar-se, definindo-se pouco a pouco, como uma aparição. No início de modo muito impreciso, como no caso de *Um bonde chamado desejo*, que veio depois de *O zoológico de vidro*. Eu tinha apenas a ideia de uma mulher nos últimos anos de sua juventude. Sentada sozinha numa cadeira, perto de uma janela, a luz da lua derramando-se sobre um rosto aflito. O homem com quem ela iria se casar tinha dado o cano.
> Acredito ter pensado em minha irmã perdidamente apaixonada por um jovem da International Shoe Company, que se interessara por ela. Era um belo rapaz, e ela estava totalmente apaixonada. Quase desmaiava quando o telefone tocava. Imaginava ela que era uma ligação do rapaz convidando-a para sair, sabe? Viam-se quase todas as noites, mas depois ele simplesmente parou de ligar. Foi quando Rose começou a apresentar desequilíbrios mentais. Dessa visão surgiu *Um bonde chamado desejo*. Naquela altura, porém, pensei em outro título, *A cadeira de Blanche à luz da lua*, título muito ruim. Mas foi assim que surgiu, sabe, a partir daquela imagem de uma mulher sentada ao lado de uma janela.

Procure concentrar sua atenção em algo trivial até que lhe cause alguma impressão. Relacione essa visão e a sensação produzida com alguma recordação. Escreva a partir da recordação, e não do processo antecedente.

A ARTE DE FISGAR IMAGENS

Anote as imagens que surgem em sua mente quando você estiver quase dormindo ou depois de acordar, colocando o despertador para tocar um pouco antes da hora habitual para que possa captar melhor essas imagens.

Conta-se que Salvador Dalí empregava uma técnica semelhante: sentava-se numa poltrona para dormir, segurando uma colher. Quando pegava no sono, a colher caía no assoalho e o barulho o despertava. Tentava, desse modo, interromper o sono numa fase imaginativa, como ajuda para a criatividade.

EXERCÍCIOS PARA A IMAGINAÇÃO

A grande literatura não nasce da razão, mas da imaginação. Por isso se costuma dizer que os livros são gerados em silêncio, que falar do que estamos imaginando antes de escrever interrompe o trabalho dos fantasmas.

A imaginação lhe permite acreditar que você pode transformar uma pessoa num objeto, ou em outra pessoa, ou num animal, ou numa paisagem. Você pode transformar uma pessoa num pássaro. Você pode ver um povoado da janela do trem e mergulhar em suas ruas, pertencer a esse povoado durante os minutos que duram a fantasia, escolher uma casa e nela morar. Ver o amarelo, o rosa e o verde, e ser levado por essas cores a uma outra estação esquecida.

Conjecturar é um bom exercício para a imaginação

Perante uma situação, fazemos conjecturas. Por exemplo, se o trem diminui sua velocidade e a vegetação que o circunda se torna espessa, as conjecturas poderiam ser as seguintes:

1. Um enxame de insetos dificulta a visão do maquinista.
2. Bandidos que estavam escondidos na mata vão atacar o trem.
3. A mata, cada vez mais espessa, começa a "engolir" o trem.
4. O maquinista quer que os passageiros contemplem a paisagem com mais calma.
5. O maquinista está caindo no sono.

Cada conjectura pode levar a um tipo de narrativa:

1= ficção científica
2= história de aventura
3= conto fantástico
4= narrativa realista-bucólica
5= narrativa onírica

Liberar a percepção traz novos elementos

Freud distinguia dois estados anímicos, a *familiaridade*, quando tudo é transparente e compreensível, e a *estranheza*, quando essa familiaridade se quebra, perde-se de vista o sentido das coisas e o mundo se torna ininteligível. Do ponto de vista da criatividade, o incomum e o desconhecido são menos coercitivos do que o habitual e o conhecido.

A maioria dos escritores afirma que o valor da percepção reside em que ela seja um fato diferenciador e não automático. Liev Tolstói escreveu em seu diário:

> Assim a vida desaparece, transforma-se em nada. A automatização engole os objetos, os hábitos, os móveis e o medo à guerra. É para dar a sensação de vida e sentir os objetos que existe o que chamamos de arte. A finalidade da arte é dar a sensação do objeto como visão, e não como reconhecimento. Os procedimentos da arte são o da singularização dos objetos, o que consiste em obscurecer a forma, aumentar as dificuldades e a duração da percepção. A arte da percepção é um fim em si mesmo e deve ser prolongada; a arte é um meio de experimentar o devir do objeto, o que se tornou "passado" não importa para a arte.

Portanto, quebre o automatismo, utilize o olhar da surpresa e do espanto. Contemple os objetos de sua casa como se pertencessem a um mundo novo, desconhecido. Vendo as coisas como se nunca as tivesse visto antes você poderá espantar-se diante de uma colher ou de um ônibus. Observe particularmente as ações que você realiza todos os dias nos mesmos horários. Faça um treino com as figuras geométricas. Olhar as coisas desfocadamente é outro modo de fomentar a criatividade: o que você vê ao olhar fixamente um triângulo? E um círculo? E um quadrado? E uma pirâmide?

O escritor Eduardo Mendoza no seu romance *Sem notícias de Gurb* faz exatamente isso, mostrando as coisas como se estivessem sendo vistas pela primeira vez.

Numa certa altura de *Cenários fantásticos*, de Joan Manuel Gisbert, surge um sujeito estranho, cujo aparecimento não tem explicação, e que recebe uma função na história:

> Meu nome é Demetrius Latopec. Vocês têm diante de seus olhos o único profissional do mundo capaz de solucionar o estranho caso da fábrica aparecida. Sou um domador de miragens!

Exagerar é uma forma básica, ligada ao estranhamento, de criar textos ficcionais, permitindo-nos imaginar situações cômicas, ousadas, poéticas. Disse Mario Vargas Llosa:

Quando Joanot Martorell nos conta, no livro Tirant lo blanc, *que a infanta da França era tão branca que se via passar o vinho por sua garganta, ele nos diz algo tecnicamente impossível que, no entanto, debaixo do feitiço da literatura, parece-nos uma verdade imarcescível, pois na realidade fingida do romance, diferentemente do que ocorre na nossa, o excesso não é jamais uma exceção, mas sempre a regra. E nada é excessivo, se tudo o é. Em* Tirant lo blanc, *seus combates são apocalípticos, de ritual minucioso, e as proezas do herói que, sozinho, derrota a multidão e devasta, literalmente, meia cristandade e todo o islã. Assim são seus rituais cômicos, como os desse personagem, piedoso e libidinoso, que beija as mulheres três vezes na boca, em homenagem à Santíssima Trindade. E, em suas páginas, o amor é sempre excessivo, como na guerra, que também só tem consequências cataclísmicas.*
(Mario Vargas Llosa. *A verdade das mentiras*)[8]

> Olhar o conhecido como desconhecido é uma atitude insubstituível para a criatividade.

Visualizar, sinônimo de imaginar

Não são poucos os que dedicam à meditação alguns minutos ou mais, deixando que passe pela mente o que a seguir levarão e desenvolverão no papel.

Era o que acontecia com Julio Cortázar:

> Frequentemente tenho a ideia para uma narrativa, mas ainda sem a presença de personagens. Tenho a ideia estranha: algo vai acontecer numa casa de campo, eu estou vendo, quando escrevo sou muito visual, vejo tudo, vejo cada coisa. Vejo esta casa no campo e a seguir, subitamente, começo a dar lugar aos personagens. Nesse ponto, um dos personagens poderá ser alguém que conheci, ou não. No final, a maioria dos meus personagens são inventados.

Há visualizações dirigidas que podem ser postas em ação a partir de pequenas histórias. Trata-se de fechar os olhos e ver uma situação para depois deixar-se levar pelo que surgir de modo inesperado. Por exemplo, uma visualização dirigida a partir de:

> *Estou à margem de um lago. Perto de uma árvore vejo um molho de chaves e um pedaço de espelho. O lago está sereno. Ao longe, uma fumaça negra saindo de uma chaminé. São 4 horas da tarde. Faz sol.*

A ideia é continuar imaginando o que acontece nesse ambiente, quem está aí.

AS POSSÍVEIS SEMENTES E SEU DESENVOLVIMENTO

Uma imagem capturada em pleno voo é a semente de uma ideia. As sementes de onde brotam ideias podem ser minúsculas, pequenas, grandes, enormes, fragmentadas, quase completas (nunca totalmente, pois sempre vão se completar durante o processo da escrita).

Duas condições são necessárias para capturar essas sementes:

- Preparar as antenas imaginárias.
- Não estar num momento de cansaço, porque aí as antenas não funcionam.

Exemplos de sementes possíveis para uma ideia podem ser as diversas situações do cotidiano ou as que marcam uma possível ruptura dessa cotidianidade, como as seguintes:

> *Um gesto visto por acaso.*
> *Um guarda-chuva levado pelo vento.*

> *Uma convocação para uma passeata popular.*
> *Uma moça muito alta que tem de se abaixar para abraçar o namorado.*
> *Um quarentão que se mete na conversa de três mulheres na saída do cinema.*

Mas também as situações comuns, as que você vê todos os dias, que, no entanto, deverá olhar agora de um modo diferente, por exemplo:

> *Três colegas num escritório, cada um diante do seu computador.*
> *O ambiente de um restaurante chinês.*
> *A copa das árvores numa montanha.*
> *Um trem cruzando uma ponte em alta velocidade.*
> *Uma moça falando sem parar no telefone celular.*

Procure captar sinais fazendo dois elementos semelhantes e diferentes entrarem em contato. Por exemplo, uma maçã e a lua são redondas. Ao fazê-las entrar em contato, você poderá descobrir a semente de uma ideia. Ou utilize um gênero literário para expressar algo que em geral aparece em outro tipo de texto. Ou escreva uma declaração de amor como se fosse um anúncio publicitário. Uma observação diferente já traz em si uma nova ideia.

Procure criar outras conexões. Em vez de contar o que realmente fazem três colegas num escritório, cada um na frente do seu computador, recorra a elementos diferentes, que não tenham relação com isso. Por exemplo, digamos que você escolheu a semente agora mencionada:

> *Três colegas num escritório, cada um diante do seu computador.*

Você poderá trabalhar algumas variantes como estas:

> *Ficaram parados em seus lugares, transformados em estátuas...*
> *O ambiente é tenebroso, sombrio, típico de uma história macabra, mas nada acontece de especial ali. Ou, ao contrário, é um espaço iluminado e agradável, mas está prestes a acontecer algo terrível...*
> *Os três fazem sempre um mesmo gesto com a mão...*

CRIAR UM ARQUIVO

Ir em busca de imagens é um exercício muito útil que, com a prática, torna-se um hábito próprio do escritor.

Um bom sistema de trabalho pode ser ter sempre à mão um caderno para anotar as imagens efêmeras. E depois passar essas anotações para um fichário ou criar um arquivo no computador, classificando essas imagens para, futuramente, empregá-las, isoladas ou em conjunto, no seu texto. Vejamos esse exercício:

Feche os olhos. Ao abri-los, concentre-se durante alguns segundos em alguma coisa e anote o que estiver vendo.

Convém dividir as imagens de acordo com sua especificidade:

- Personagens: homem, mulher, menino, menina.
- Objetos.
- Imagens estáticas.
- Imagens dinâmicas.
- Imagens diurnas.
- Imagens noturnas.
- Imagens relacionadas com sentimentos, que são produtores de fatos. O motor de um texto pode ser o sentimento que você empresta à imagem observada. Veja essa lista de possibilidades:

Entusiasmo	*Medo*	*Surpresa*	*Angústia*
Alegria	*Tristeza*	*Fascínio*	*Raiva*
Dor	*Tentação*	*Impotência*	*Vergonha*

Há sentimentos parecidos (quanto ao significado) na lista anterior. Por exemplo: *Dor — Angústia — Tristeza*. No entanto, cada um deles tem nuances próprias; a palavra como tal, com seu número de letras, sua sonoridade, etc., já indica diferenças. (Escrever é também estar atento às nuances.)

Pense na palavra *tristeza*. Escreva o que imaginou. Repita o exercício com a palavra *angústia* e depois com a palavra *dor*. Compare as diferenças entre os três resultados e verá que os sentimentos resultantes de cada texto apresentam diferenças mais ou menos sutis.

6.
Use as lembranças

Como você pode dizer que lhe deu um "branco" na hora de escrever se sua mente está repleta de cores, amealhadas ao longo de sua existência? Cada experiência é uma lembrança com muitas ou poucas cores, com maior ou menor nitidez, e pode ser útil na hora de pintar e dar continuidade a uma história que parece encalhada.

Recorra às suas lembranças. Recordar é também imaginar o real. Traga de volta à sua imaginação algo que viveu no passado e o coloque bem no centro de sua mente, essa espécie de tela tridimensional, dando-lhe uma consistência que você levará para o papel.

Investigar suas recordações é abrir uma comporta para a escrita. Vá à sua memória e encontre momentos e situações que irão para o papel.

> Qual a sua lembrança mais antiga?
> Como era a primeira casa em que você morou?
> Qual foi o lugar em que pela primeira vez você se viu longe de casa?
> Quais foram seus primeiros desenhos?
> Qual a primeira história que lhe contaram?
> Qual o primeiro filme que você viu?
> Quem foi seu primeiro amigo?
> A quem você escreveu sua primeira carta?
> Uma recordação que lhe causa suave tristeza?
> Uma pessoa que você odeia lembrar?
> Um gesto inesquecível?

As respostas são um material abundante para começar a escrever ou retomar um texto.

Cada acontecimento na vida deixa algo no nosso interior, que vez por outra vem à tona da memória e pouco a pouco ganha novas formas.

Escreva sobre alguma etapa de sua vida, a partir de alguma lembrança específica.

O processo de recordar alguma coisa que aconteceu com você e lhe conferir um significado pode ser muito gratificante. Pense nisso como se você estivesse contando uma história para alguém e verá como flui com facilidade.

A título de sugestão, siga os seguintes passos para usar suas lembranças:

1. Escolha um tema concreto. Limite sua história a algo marcante.
2. Procure, entre as suas experiências passadas, momentos relacionados com aquele tema. Faça uma lista de tudo o que consiga lembrar, dando especial atenção ao que lhe afetou de modo concreto.
3. Faça uma crônica. Escreva algumas linhas, um rascunho, fazendo os acontecimentos aparecerem em ordem cronológica, desde as primeiras experiências até as mais recentes. Divida esse escrito em partes. Comece com um acontecimento do início de sua vida. Indique como se deu cada acontecimento específico, passo a passo. Enumere a maior quantidade possível de detalhes, entre os quais podem estar os seguintes:

    Como era a sua vida?
    Qual era a sua idade?
    Em que bairro você morava?
    Como era o ambiente em que isso aconteceu?
    Como era o local e a decoração?
    Quem estava perto de você?
    O que você viu e o que experimentou exatamente?
    Como você reagiu?
    E os outros?
    Que consequências você experimentou?
    Como isso influenciou seu estado de ânimo e sua conduta?

4. Conte outros acontecimentos da mesma forma.
5. Reúna os acontecimentos. Tendo o rascunho como base, você poderá iniciar um conto, exagerando talvez algum aspecto da descrição, inventando ou tornando suas experiências mais interessantes.

INVESTIGUE SUA ÁRVORE GENEALÓGICA

É outra variante vinculada às lembranças.

Para averiguar dados sobre as raízes familiares, você deve fazer buscas em bibliotecas, arquivos públicos ou do registro civil, ou também consultar a internet. Dessa forma, você começará a montar o "quebra-cabeça" familiar. À medida que este for se ampliando, você encontrará novo material para escrever.

O que deve ter prioridade? Será mais interessante conhecer a profissão dos seus antepassados, suas crenças religiosas, seus hábitos...?

Dê especial atenção ao aspecto "novelesco" das histórias familiares, leia cartas antigas, diários íntimos, onde surgirão dados muito mais emocionantes que estatísticos. Para isso, consulte seus parentes, pois é provável que algum deles tenha guardado esse material perdido em algum sótão ou no fundo do baú.

Reconstrua o mapa genealógico e recrie as passagens incertas.

Anote tudo o que lhe disserem, mesmo quando pareça difícil acreditar em sua veracidade. A maioria das histórias familiares está baseada, parte em elementos verdadeiros, parte em elementos ficcionais, que podem oferecer pistas atraentes.

É importante que você conheça a história local dos países ou das regiões em que viveram seus antepassados, para que compreenda o comportamento deles.

OS OBJETOS EMBLEMÁTICOS

Que objetos se destacaram ao longo de sua vida?

Os objetos se converteram em fetiches literários famosos na obra de vários escritores.

Em Gustave Flaubert, as botinas femininas, cuja força sensual determina *Madame Bovary*.

Em Virginia Woolf, as janelas. Em muitas de suas obras aparecem como sinal e como uma obsessão de apropriação da realidade, de separação dos espaços, o aberto e o fechado, o público e o privado. No seu livro *O quarto de Jacó*, mulheres com os cabelos soltos aparecem na janela quando o protagonista passa pela rua. No romance *Ao farol*, a mãe, sentada à janela, lê uma fábula para o filho.

A obsessão do escritor Joan Perucho são os espelhos e sua pergunta sobre o que existe atrás deles. Outros espelhos dominantes são o de Mariano José de Larra, de Benito Pérez Galdós ou o de Borges. Espelhos deformantes, delatores, mágicos...

Você tem obsessão por algum objeto? Qual? E como o utilizará num texto?

Não é uma pergunta simples nem inocente, pois compromete toda a sua história, produtora dessas obsessões que você conjura ao escrever.

Disse o escritor catalão Juan Marsé:

> Meus romances nascem a partir de imagens. Existe uma série de imagens básicas pelas quais sou obcecado, que vêm do passado, experiências pessoais ou coisas que alguém contou, não faço distinção entre ambas. A soma e a combinação de várias delas me proporcionam não uma ideia, mas a possibilidade de começar ou dar prosseguimento a uma história.

JUNTAR PEDAÇOS

E uma vez reconstruídas sua infância, sua adolescência e outros momentos autobiográficos, e já que começa a crescer a árvore genealógica, e tendo recuperado os objetos emblemáticos, e tendo conseguido fotos e todo tipo de documentos, você poderá então fazer as suas montagens: para um livro de contos, por exemplo (unidos pelo fio do humorismo, incorporando situações engraçadas), para um romance, para textos de teor sentimental, e assim por diante. As necessidades surgirão a partir do material compilado, e não o contrário.

Para completar esse trabalho de ensambladura, procure mais pedaços de sua própria história, preenchendo a seguinte lista:

Brincadeiras e jogos da minha infância.
Coisas que eu já fiz.
Coisas que não fiz e teria gostado de fazer.
Que coisas eu faria se voltasse a ter X anos...
O que eu eliminaria do meu entorno.

Como pode ver, trata-se de uma lista de atos a partir dos quais você vai se afastando ou se desprendendo de sua história pessoal para se aproximar de uma realidade idealizada. Ou seja, este mecanismo leva você diretamente à invenção de seus melhores personagens.

> Ir até o mais fundo de suas lembranças o ajudará a encontrar fórmulas para entrar no mundo ficcional.

7.
Aproveite todo tipo de leitura

O que é um escritor? É um leitor. A leitura habita a escrita e a precede. Ler é imprescindível para um escritor e para um futuro escritor. Todos concordam com isso e contam suas experiências.

SEUS ANTECESSORES SÃO A MELHOR ESCOLA

Não sofra à toa imaginando que roubou algo de outro escritor, ao perceber que desenvolveu uma ideia a partir de certa estratégia de seu autor preferido ou de algum livro que acabou de ler. Sempre escrevemos a partir de alguma coisa. O importante é ter consciência desse fato para trabalhar seu texto ao máximo, tornando-o cada vez mais pessoal, embora o ponto de partida não tenha sido totalmente seu. Se fosse um caso de plágio, aconteceria o contrário: primeiro o reconhecimento e depois a cópia.

A leitura é uma fonte inesgotável de recursos e a melhor oficina de criação literária. O primeiro passo consiste em saber escolher o livro adequado e descartar sem contemplações o inadequado. Não se obrigar a ler determinado livro é o segredo. Respeite suas próprias necessidades. Vá à livraria que ofereça muitas opções, vá abrindo vários livros até encontrar aquele que lhe pareça mais interessante. Esse comportamento tem algo do encontro amoroso, com a vantagem de que neste caso podem ser escolhidos vários e todos bem diferentes entre si, podem ser lidos quantas vezes for necessário e encontrar novas ideias a cada leitura, pode-se abandonar sem ouvir queixas em resposta. Com doze anos de idade, o escritor português António Lobo Antunes já devorava os livros da biblioteca de seu pai: Wilde, Céline, Flaubert, Dumas, Stevenson, os poetas alemães. Fruto destas leituras,

> [...] comecei a compreender a diferença entre escrever bem e mal, e assim nasceu a minha angústia literária. Existem dois tipos de livros: os que são como piscinas nas quais a água chega até os nossos joelhos, e tudo correrá bem porque são tranquilizadores, e os livros que são como piscinas profundas, e exigem do leitor uma entrega total, como os livros insones que nos chamam noite adentro com seus olhos fosforescentes.

SEU CAMINHO PESSOAL

Faça seu próprio caminho de leituras, em busca dos segredos técnicos de outros escritores. Porque quem escreve pode lançar mão de um patrimônio, de uma tradição literária que vale a pena conhecer.

Diz o escritor peruano Julio Ramón Ribeyro:

> Jamais esquecerei a impressão que me causou a leitura de *Putois*, de Anatole France, quando eu tinha onze ou doze anos de idade: ao chegar no final senti uma espécie de sufocamento ou de vertigem diante do desenlace inesperado. Mais tarde outros contos me seduziram, mas por motivos diferentes: *Os olhos de Judas*, de Valdelomar, pelo tom nostálgico e melancólico; *O jarro*, de Pirandello, pelo humor; *A carta roubada*, de Poe, pela intriga engenhosa; *Bola de sebo*, de Maupassant, pela revoltante crueldade da história; *José Matias*, de Eça de Queiroz, pela delicada ironia, ou *Um coração simples*, de Flaubert, pela concisão de estilo. E ainda mais tarde, ao ler contos de Kafka, Joyce, James, Hemingway e Borges, para citar alguns autores, descobri novas possibilidades e prazeres nas narrativas curtas; a lógica do absurdo, a habilidade técnica, a arte do não dito, a eficácia do diálogo, e a sapiência e fantasia a serviço de paradoxos e parábolas intelectuais. Como contista, sou fruto dessas leituras e de muitas outras que poderia citar aqui longamente. A pessoa se nutre dos autores que ama, dos quais alguma coisa ou muita coisa pega e aprende, mas sobretudo se nutre de sua própria experiência.

Faça uma lista de autores que mais o motivam, acrescentando ao lado de cada nome a motivação que cada um lhe transmite. Pode ser pela extensão das frases, pelo tipo de sintaxe, pelo vocabulário mais concreto ou mais poético, pelo tipo de descrições, pelo modo de abordar os sentimentos e por outros mil motivos que, detectados, ampliarão seu horizonte e o seu autoconhecimento literário.

Cada livro que você escolhe ler é um estímulo numa determinada direção.

É bom saber distinguir quando um livro traz algum tipo de motivação, respondendo aos seguintes aspectos do livro que você está lendo:

- Que tipo de curiosidade me assalta antes de começar a leitura?
- Em que essa leitura me influencia? No conteúdo ou na forma? Nas imagens que apresenta? Na construção das frases? No ponto de vista narrativo? No tom? Ou em que outro mecanismo?

- Em que parte do livro digo "Gostaria de ter escrito assim"? Que frases e que parágrafos me chamaram mais a atenção?
- Que livro abriria ao acaso para escrever a partir dessa página?
- Sinto-me inclinado a indicar esse livro a outras pessoas? Por quê? Quais as qualidades que eu destaco?

Sejam quais forem as suas respostas, leve em conta o que disse Vladimir Nabokov:

> *O bom leitor não se identifica com o herói ou a heroína, mas com o espírito que concebeu e elaborou esse livro.*

TIRE PROVEITO DE SUAS LEITURAS

Aproveite ao máximo suas leituras, descobrindo a melhor maneira de fazê-lo.

Costuma-se dizer que o romance é uma boa leitura para os poetas e que a poesia deve ser lida pelos prosadores. Experimente.

Por exemplo, se você escreve poesia, tendo terminado de ler um romance, procure sintetizar em versos o efeito dessa leitura. E se o conto ou o romance são a sua meta, o que poderia fazer um narrador com estes versos de Luis Cernuda, que sugerem muitas histórias e oferecem reflexões significativas?

> *Um roçar à passagem,*
> *um olhar fugaz entre as sombras,*
> *bastam para que o corpo se abra em dois,*
> *ávido de receber em si mesmo*
> *outro corpo que sonhe;*
> *metade e metade, sonho e sonho, carne e carne,*
> *iguais em figura, iguais em amor, iguais em desejo.*
>
> *Embora seja uma esperança apenas,*
> *pois o desejo é uma pergunta cuja resposta ninguém sabe.*

Alguns exemplos para abrir diversos caminhos de trabalho:

- Qual dos versos mais impacto lhe causou?
- Como seria o protagonista do poema? Que situação estará vivendo?
- O que pensa ao ler versos como estes... "um olhar fugaz entre as sombras / basta para que o corpo se abra em dois"?

- Como você desenvolveria a história do personagem "ávido de receber em si mesmo / outro corpo que sonhe"?

Em suma, deixe que os versos de um poema o conduzam, troque-os de lugar, junte dois versos que estavam longe um do outro ou de dois poemas diferentes, e surgirá o bem-vindo clarão que iluminará o romance que você está elaborando.

DESMONTAR O ARTEFATO

Pesquise como outros escritores constroem seus textos, desmonte os artefatos que lhe pareçam mais interessantes e volte a montá-los. Isto é, imitá-los.

Trata-se de observar lucidamente os modelos e dominar alguns truques. O ideal é imitar um parágrafo de um escritor e depois de outro e de outro e de outro, e de outros tantos, em busca do estilo pessoal. Faça essa experiência com todo tipo de gêneros, de estilos literários e de escritores de diversas épocas.

Para quem domina outros idiomas, traduzir é um exercício enriquecedor. O ofício de muitos grandes escritores foi o de tradutor.

Leia tudo o que cair em suas mãos: bulas de remédio, bilhetes de loteria, jornais especializados em futebol, resenhas científicas, romances água com açúcar, romances picantes, romances com mais de seiscentas páginas, contos, poemas, textos teatrais, etc.

Do mesmo modo que você vai a uma academia de ginástica fazer exercícios ao som de uma música, escreva seguindo o ritmo do seu autor preferido, e depois de outro e assim por diante.

Junte trechos ou parágrafos de diferentes textos escritos em diferentes estilos até conseguir um texto que sinta como algo seu.

Muitos começam seguindo o estilo de outro escritor, o tom utilizado num romance, o ponto de vista, como fez Enrique Vila-Matas:

> Não comecei escrevendo com a intenção de publicar. Era o ano de 1971 e eu estava servindo como soldado em Melilla (Marrocos). Todas as tardes, no fundo de um armazém militar, onde eu tinha o encargo de fazer a contabilidade, dedicava-me a escrever um romance. Escrevia para ocupar meu tempo com alguma coisa, vencer o tédio, fazer algo que pudesse parecer uma atividade positiva. Ao longo dos meses fui escrevendo *Mulher no espelho contemplando a paisagem*. Era um exercício de estilo. Eu não tinha a menor ideia de

como se escrevia e, verdade seja dita, não tinha muitas coisas para contar. Eu tinha lido *Uma meditação*, de Juan Benet, e visto sua longa frase compacta, sem nenhuma pontuação ou espaços em todo o romance. Imaginei que poderia fazer a mesma coisa, escondendo, assim, meus defeitos na hora de escrever. Soube pela contracapa do livro de Juan Benet que o autor tinha visões como um pintor que, de olhos vendados, fosse pintando uma paisagem atrás da outra numa mesma tela. Decidi fazer a mesma coisa. Nessa época, eu dirigia curtas-metragens. Tinha certa imaginação visual e pouca habilidade para contar histórias. Encadear paisagens e imagens, sem precisar de pontuação, isso eu conseguia fazer.

Há bons exemplos de escritores que compreenderam qual era o seu estilo a partir de determinadas leituras.

PLAGIAR FRASES

Imitar a estrutura de uma ou mais frases de um autor, mas não o conteúdo. Este é um método motivador na hora de escrever. Por exemplo, com esta frase de Charles Baudelaire:

Foi nos arredores de Lyon que Samuel a conhecera, jovem, viva, garrida e mais magra.
(Charles Baudelaire. *A Fanfarlo*)[9]

A imitação pode ser feita assim:
Foi = verbo
nos = preposição com artigo definido
arredores = advérbio
de = preposição
Lyon = nome próprio
que = pronome relativo
Samuel = nome próprio
a = pronome pessoal
conhecera = verbo
jovem = adjetivo
viva = adjetivo
garrida = adjetivo
e = conjunção
mais = advérbio
magra = adjetivo

A partir da lista das funções das palavras, podemos criar várias frases semelhantes:

> *Foi dentro da estação do metrô que Joana o xingou, sentindo-se amargurada, ansiosa, triste e magoada.*
>
> *Foi num final de dia em Paris que Raul morreu, assustado, solitário e fétido.*

A "imitação" do texto também pode se realizar de modo aproximado, sem que se precise respeitar todas as classes de palavras da frase. Por exemplo:

> *No meio do parque, um homem a chamava repetidas vezes, e ela parecia perdida, indiferente a tudo, ensimesmada.*

Podem ser acrescentados elementos novos ("repetidas vezes", "ela", "a tudo") que não correspondem ao modelo original.

A FRASE NO CONTEXTO

Outra questão relevante ao se produzir um texto é que cada frase funciona como contraponto das frases vizinhas ou das mais distantes no parágrafo e mesmo em todo um livro. De algum modo, o texto é uma espécie de quebra-cabeça; cada frase é uma peça do jogo. Quanto mais exatas são as frases melhor se forma o conjunto.

Você deve atentar para a sonoridade e a extensão da frase, avaliando o lugar que ela ocupa no parágrafo e no relato.

Do ponto de vista fonético, é preciso evitar que os sons das palavras de uma frase entrem em desarmonia com os sons das frases vizinhas.

Quanto à extensão, usar frases breves, frases longas, ou combinar os dois tipos, produz diferentes resultados que influenciam o argumento.

Observe a relação entre as frases nos textos de seus autores preferidos. A primeira em relação à segunda, a segunda em relação à terceira, etc.; em cada parágrafo e entre um parágrafo e outro.

Observe também a relação entre a primeira e a última frase do mesmo relato.

A MOTIVAÇÃO IMEDIATA

Já vimos que todos os escritores repetem o mesmo conselho: "Se quer escrever bem, leia muito". E costumam acrescentar: "Leia, de modo especial, os clássicos".

E por que tamanha insistência?

Porque é o espaço no qual todos os temas são "expostos" de muitas maneiras, e no qual fica demonstrado que o discurso e a história devem estar perfeitamente ajustados, ou seja: o que se diz deve ser dito dessa forma e não de outra.

Seu pensamento é ativado quando você lê e, se a leitura for a mais adequada para você, produzirá uma mobilização imediata, colocando em marcha seu desejo de escrever à sua maneira.

E se é para escolher o melhor escolhamos os clássicos, que não à toa continuam sendo lidos. "Clássico" é o livro que permanece ao longo do tempo porque leitores de diferentes épocas o leem com interesse, a partir de pontos de vista próprios. Quando você lê uma obra clássica, tem a oportunidade de se enriquecer, captando formas de dizer o universal, mas com seu estilo pessoal.

8.
Atreva-se a escutar e observar

Tente perceber o que acontece ao seu redor de maneira diferente e inovadora. As grandes invenções surgiram de pessoas que tomaram consciência de detalhes que os outros não perceberam.

Ouse perceber ativamente, adotando uma percepção original, não convencional. Observe coisas diferentes ou coisas de que você gosta e já conhece bem, dedicando a máxima atenção. Procure tecer uma rede de relações a partir do primeiro elemento. Escute e veja mais além do que você ouve e vê.

ESCUTAR

O mundo é um encadeamento contínuo de batidas, ecos, vozes, sussurros, repiques, ressonâncias que podemos reconhecer se ficarmos parados por algum tempo em algum lugar.

- Elabore uma lista de sons. Será útil posteriormente para ambientar uma narrativa ou como material para outro tipo de texto, como fez Lichtenberg:

    Numa adorável tarde primaveril de 1792, estando eu olhando pela janela que dá para o meu jardim, a uma distância de seis quilômetros da cidade, bateu-me a curiosidade de ouvir os sons provenientes da famosa Göttingen que chegassem aos meus ouvidos. Eis o que descobri:

    1. *O rumor da água no grande moinho.*
    2. *O ruído de várias carroças e carruagens passando.*
    3. *Uma intensa e persistente gritaria de crianças, provavelmente caçando abelhões no bastião.*
    4. *Latidos de cães a diferentes distâncias e numa gama variada de registros sonoros e efeitos.*
    5. *Três ou quatro rouxinóis nos jardins das imediações ou na cidade.*
    6. *Inúmeras rãs.*
    7. *Pinhas retinindo ao se entrechocarem.*
    8. *Uma espécie de corneta mal tocada, que era de todos os sons o mais desagradável.*

Note as diferenças entre os sons ao fazer cair sobre uma determinada superfície algum objeto (uma caneta, uma bolinha de tênis, uma colher, uma revista) e escreva sobre o que percebeu.

Exercite sua escrita a partir de outros possíveis acontecimentos sonoros. Por exemplo:

- Escreva a partir das seguintes frases:

    Chorava embalado pelo barulho dos pneus.
    Caía uma chuva de grandes formigas, como se fossem vários sinos de metal tocando.
    Ouvi o barulho do motor quando o avião decolou.
    Ressoava em seus ouvidos o zunido das moscas.
    Seus joelhos ossudos estalavam quando ele andava.
    O estalo de um galho me assustou.
    Os passos de alguém andando no telhado nos alertaram.

Escreva a primeira coisa que vem à sua cabeça ao ler cada uma das seguintes palavras:

Agitação
Estrépido
Estampido
Gritaria
Clamor
Balbúrdia
Algazarra
Alvoroço
Trinado
Estalo
Bafafá
Mugido
Martelar
Rasgar
Chacoalhar

O RITMO PESSOAL

O discurso de cada escritor tem um ritmo próprio que também constitui e define o estilo.

O escritor Gonzalo Torrente Ballester dizia ler algumas páginas ao gravador e escutava depois para ver como soavam, desejando manter o ritmo dactílico de sua língua galega.

Tente descrever o que sente ao ouvir sua música preferida ou alguma canção que marcou sua vida.

Imagine um tipo de melodia e escreva a partir dela.

VER

Como e de quantos modos você vê? Sabe imaginar a partir do que vê?

Ver não é somente colocar-se diante das coisas, guardá-las na memória, retratá-las ou descrevê-las em seus mínimos detalhes. Ver é dar um significado ao seu entorno. Como você vê a mesma pessoa ou o mesmo objeto em diferentes lugares? Que diferenças percebe entre as visões de cada cena específica?

Vendo deste modo, você penetra a realidade e encontra a singularidade que procura conferir ao seu texto.

Costuma-se dizer com frequência: "Olhei mas não vi"; "ouvi mas não escutei"; menos frequentemente as pessoas dizem (porque não temos muita consciência disso) algo que também acontece: "Toquei mas não senti". Essas expressões refletem algumas características da relação perceptiva com o "exterior": as coisas "fogem" de nós. Vários fenômenos podem explicar o porquê disso:

- Não desenvolvemos nossa capacidade de observação.
- Fazemos uma percepção seletiva, enfatizando alguns aspectos (aqueles que mais nos interessam, ou mais nos convêm, ou mais se ajustam a nossas ideias e gostos), e ignoramos outros (o pior cego é aquele que não quer ver).
- Perdemos a curiosidade e a capacidade de nos admirar com as coisas.

Aprenda a ver o que está olhando, a escutar o que está ouvindo, a sentir o que está tocando. Aprenda a observar "o exterior" e a registrar o que sente como reflexo dessas experiências. E também, como é natural, aprenda a observar profundamente os seus sentimentos, como disse Antoine de Saint-Exupéry:

> Só se vê bem com o coração. O essencial é invisível aos olhos.

Aprender tudo isso é vital como base para uma atitude criativa.

É interessante acompanhar as digressões de Katherine Mansfield em seu diário, em que fala de seu conflito entre o torpor literário que lhe causa tanta angústia e o objetivo possível:

> Não quero escrever. Quero viver. O que significa isso? Não é fácil explicar.

[...] A razão pela qual você acha difícil escrever é você não estar aprendendo nada. Eu me refiro, por exemplo, ao espetáculo desta árvore, com suas pinhas contra o céu azul.

Tente descrever um lugar que você já conheça, fazendo uma lista de tudo o que você puder lembrar dele. Agora vá a esse lugar e verifique como está sua capacidade de observação.

Os atos dependem da intenção daquele que vê. Você poderá comprovar que efeitos é capaz de produzir com algumas dessas possibilidades:

> *observar, esquadrinhar, contemplar, examinar, vislumbrar, perceber, sondar, divisar, entrever, espiar, avistar, reconhecer, pressentir, descortinar, fixar-se, notar, avistar.*

Por exemplo, a situação em jogo é a de duas mulheres na gare da estação à espera do trem. Sentem um certo nervosismo. O trem chega, sentam-se uma ao lado da outra, mas não conversam ao longo de todo o trajeto.

As variações para experimentar num texto poderiam ser as seguintes:

> Contemplar: conduz à explicação.
> Vislumbrar: conduz à dúvida.
> Registrar: conduz à enumeração.
> Espiar: conduz à suspeita.

Podemos trabalhar com as quatro opções na mesma situação, obtendo textos diferentes como nos seguintes exemplos:

Contempla:

> *As duas mulheres se olham de cima a baixo. Vão e vêm na gare da estação. Seus sapatos de salto são semelhantes, com saltos grossos. Uma delas veste um sobretudo verde-escuro e meias da mesma cor; o da outra é branco. No trem, sentam-se lado a lado e ambas, de vez em quando, olham para trás.*

Vislumbra:

> *Ao longe, entre a multidão da gare, vislumbro duas mulheres diferentes e semelhantes; diferentes na aparência*

> *mas semelhantes no modo de andar. Só consigo vê-las quando o trem chega. Acho que entraram no segundo vagão e que estão sentadas lado a lado.*

Registra:

> *As duas mulheres se olham de cima a baixo. Vão e vêm na gare da estação. Usam sapatos de salto grosso. Uma delas veste meias e sobretudo verde-escuro; a outra se veste de branco. Embarcam no trem, sentam-se lado a lado, não conversam e, de vez em quando, olham para trás.*

Espia:

> *São bem diferentes embora seus sapatos sejam parecidos. Por que vão e vêm na gare da estação? Receio que me descubram: sentam-se lado a lado dentro do trem, não conversam e constantemente voltam-se em minha direção.*

Você pode divisar, espiar, olhar de frente, olhar de esguelha, etc.

Por outro lado, dependendo de quem seja o observador, verá a situação de acordo com seu modo de observar.

Por exemplo, a situação está protagonizada por um casal de namorados dentro do metrô, ao redor do qual há vários personagens:

O casal:

> Eles se contemplam cheios de malícia. Olhos cravados um no outro, sem se desviarem.

Uma senhora de muita idade:

> Olha para o casal sem parar e depois seu olhar se perde; a visão daquele casal faz com que ela se lembre de seu primeiro amor.

Um escritor:

> Observa o casal e a senhora de idade. Estão sentados um diante do outro num vagão do metrô. Está atento a tudo e às outras pessoas ali presentes, notando, inclusive, que um homem com nariz de palhaço acabou de descer na última estação.
>
> Tudo observando, o escritor consegue imaginar um conto e, ao chegar a seu destino, diz para si mesmo que aquela viagem foi muito inspiradora.

Tome consciência de como você olha para o que acontece ao seu redor. Procure transformar o que vê em outras coisas, deformar o real, para aprender a imaginar fatos insólitos ou situações impossíveis, incorporando-as ao seu texto.

OLHAR DETIDAMENTE

Observar um objeto e analisá-lo em seus mínimos detalhes pode ajudá-lo a explorar uma situação até suas últimas consequências e produzir um relato.

No conto *Os venenos*, Julio Cortázar apresenta seu próprio método, observa detidamente e faz associações à medida que vai olhando:

Na mesa do abajur estava a Botânica de Hugo, e aparecia o cabo da pluma de pavão-real. Como ele me deixava olhá-la, tirei-a com cuidado e me coloquei ao lado da lâmpada para vê-la melhor. Acho que não existia pluma mais linda que essa. Parecia com as manchas que se fazem na água dos charcos, mas não se podia comparar, era muitíssimo mais bonita, de um verde brilhante como esses bichos que vivem no fundo do mar e têm duas antenas compridas com uma bolinha peluda na ponta. No meio da parte mais larga e mais verde um olho se abria, azul e roxo, todo salpicado de ouro, uma coisa que nunca ninguém viu antes. Repentinamente, entendi por que se chamava pavão-real, e quanto mais a olhava mais pensava em coisas estranhas, como nos romances, e no fim tive que deixá-la porque a teria roubado de Hugo, e isso não era direito.
(Julio Cortázar, *Os venenos*)[10]

A VISÃO E OS OUTROS SENTIDOS

Em alguns casos, o sentido da visão é acompanhado por outros, a fim de se completar uma imagem ou uma investigação, por exemplo. Em outros momentos, os quatro sentidos restantes substituem a visão e é possível reconhecer uma coisa, tocando-a, cheirando-a, escutando-a, saboreando-a, sem que seja vista.

Você pode narrar uma situação com precisão, imaginando as coisas como se as tocasse, cheirasse, escutasse e saboreasse, mas sem enxergá-las.

Disse Jacques Derrida em *Memórias de cego*:

Acidentalmente, e por vezes à beira do acidente, acontece-me escrever sem ver. Não, sem dúvida, com os olhos fechados. Mas abertos

e desorientados na noite: ou, pelo contrário, de dia, com os olhos fixos noutra coisa, olhando algures para outro lado, diante de mim, por exemplo, quando vou ao volante: rabisco então alguns traços nervosos com a mão direita, num papel preso ao painel de bordo ou caído ao pé de mim no assento. Algumas vezes, sempre sem ver, em cima do próprio volante. São anotações para não esquecer, grafites ilegíveis, dir-se-ia em seguida uma escrita cifrada.
O que é que se passa quando se escreve sem ver? Uma mão de cego aventura-se solitária ou dissociada, num espaço mal delimitado, tateia, apalpa, acaricia tanto quanto inscreve, fia-se na memória dos signos e suplementa a vista, como se um olho sem pálpebras se abrisse na ponta dos dedos: o olho a mais acaba de brotar rente à unha, um único olho, um olho de zarolho ou de ciclope.
(Jacques Derrida, *Memórias de cego*)[11]

Faça anotações do que você olha sem ver todos os dias.

Capte as nuances da luz em diferentes horas do dia nos mesmos lugares.

A visão simples é o que os olhos nos permitem ver. Uma nuvem é uma nuvem, uma flor é uma flor, uma mancha de tinta é uma mancha de tinta, etc.

A visão dupla descobre outras silhuetas nas silhuetas reais. Uma nuvem torna-se um rebanho de ovelhas; uma flor se transforma numa escada; uma árvore seca é um homem; um homem é uma árvore; uma mancha de tinta passa a ser uma bailarina, etc.

Um personagem da literatura universal por todos conhecido, D. Quixote, foi construído por Cervantes com base na visão dupla, que se evidencia em episódios como o dos moinhos de vento:

> — *Que gigantes?* — *disse Sancho Pança.*
> — *Aqueles que ali vês* — *respondeu seu amo* —, *de longos braços, que alguns chegam a tê-los de quase duas léguas.*
> — *Veja vossa mercê* — *respondeu Sancho* — *que aqueles que ali aparecem não são gigantes, e sim moinhos de vento, e o que neles parecem braços são as asas, que, empurradas pelo vento, fazem rolar a pedra do moinho.*
> — *Logo se vê* — *respondeu D. Quixote* — *que não és versado em coisas de aventuras: são gigantes, sim; e se tens medo aparta-te daqui, e põe-te a rezar no espaço em que vou com eles me bater em fera e desigual batalha.*
> (Miguel de Cervantes, *D. Quixote de la Mancha*)[12]

O que D. Quixote faz plenamente convicto pode nos ajudar como um exemplo de como podemos usar a imaginação.

Procure figuras nas manchas de tinta. Derrame algumas gotas de tinta num papel, dobre-o, e a mancha assumirá estranhas formas, de mapas, cidades ou de outras coisas que você "vê" com os olhos da imaginação e depois leva para a escrita.

À PROCURA DA REALIDADE

Se você decide dedicar parte de seu tempo para "caçar" fragmentos do mundo, de ouvidos e olhos abertos, sairá levando um caderno de anotações com uma lista de "tarefas a realizar" semelhante à que se segue. Cada item da lista corresponde a uma página do caderno:

- Anote dez aspectos diferentes da rua em que você mora.
- Destaque o aspecto mais interessante.
- Entre na padaria mais próxima.
- Observe as características da balconista da padaria, o timbre de sua voz e como são e se comportam os demais clientes.
- Registre os diferentes tipos de pão.
- Analise as condições arquitetônicas da padaria.
- Olhe as janelas do edifício na calçada da frente.
- Escute os barulhos mais altos do ambiente e aqueles que quase não são percebidos.

Estabeleça relações entre o que você anotou, acrescentando algo que você próprio invente.

Por exemplo, entre a padaria, o edifício na calçada da frente e a balconista:

> *A padaria foi construída há muitos anos; em suas paredes há desenhos do início do século passado.*
> *As janelas do edifício na calçada da frente estão sempre fechadas.*
> *Desconfio que a balconista é dona da padaria e mora no edifício da frente.*

> Escreva a partir de sua vivência e de sua imaginação (embora imaginar seja, na realidade, uma forma de viver), levando em conta que "a imaginação é o impulso alegre em direção ao desconhecido", como disse José Lezama Lima.

9.

Preste atenção
ao seu corpo

O corpo tem uma função reveladora em que os traços físicos e os psicológicos se conectam. Disse Pierre Bourdieu:

> O corpo funciona como uma linguagem mediante a qual, mais do que expressar-se o indivíduo é expressado, uma linguagem da natureza na qual se manifesta o mais oculto e ao mesmo tempo o mais verdadeiro, por ser o que temos de menos conscientemente controlado e controlável, contaminando e determinando com suas mensagens, percebidas ou inadvertidas, todas as expressões intencionais, a começar pela palavra.

A aparência física de uma pessoa mexe com sua imaginação, faz com que você tente adivinhar a maneira de ser dessa pessoa, seu modo de pensar e até seu estado de ânimo, seus desejos.

Mas que tipo de corpos chamam a sua atenção na praia, na rua, num ambiente fechado, numa determinada época do ano?

Alguns corpos podem produzir em você maior ou menor expectativa. Características físicas grotescas ou belas despertam maior ou menor curiosidade.

Levantar-se, cair, caminhar, pegar um objeto, abraçar alguém são algumas ações que dependem de alguma parte do corpo e individualizam as pessoas. Cada qual tem seu modo peculiar de mover-se, do mesmo modo que possui aparência e traços pessoais. Os personagens de nossas narrativas são, essencialmente, construídos com o que têm de mais peculiar.

Ao mesmo tempo, nem todos sorrimos nem gesticulamos da mesma forma.

Mais de mil expressões faciais são possíveis, embora somente se preste atenção a algumas delas. Os gestos comunicam. A expressão do rosto é uma das expressões mais reveladoras dos estados internos e uma fonte contínua de imagens. Observar um gesto ou uma parte do corpo pode ser um elemento mobilizador de sua criatividade. No entanto, com frequência os escritores iniciantes escrevem somente que um personagem "sorriu", sem acrescentar traços próprios e mais específicos para esse personagem.

POR PARTES

A pele está muito associada às atribuições do temperamento, com suposições e estereótipos que podem ser transgredidos ou confirmados em diferentes narrativas.

Disse Diane Ackerman:

> Os cabelos afetam profundamente as pessoas, transfigurando-as ou tornando-as repugnantes. Como um símbolo da vida, os cabelos crescem sobre nossa cabeça. Como na terra, podem ser cortados, mas voltarão a crescer. Podemos mudar sua cor e textura quando bem entendemos, mas com o passar do tempo recuperam seu primeiro aspecto, tal como a natureza, com o passar do tempo, transforma nossas cidades planejadas em mato. Dar ao amante uma mecha de cabelo para que ele leve consigo num relicário, ao pescoço, era um gesto de carinho comovedor mas também perigoso, pois um feiticeiro poderia usar aquele cabelo para fazer bruxarias contra o seu dono. Numa variação do mesmo tema, um cavaleiro medieval levava para as batalhas um feixe de pelos pubianos de sua dama. Como um dos pilares do amor cortês eram os segredos, escolher esse feixe pubiano em lugar da mecha de cabelo pode ter sido uma decisão mais prática que filosófica, mas mesmo assim simbolizava a força vital feminina sendo levada pelo cavaleiro. Os antigos líderes guerreiros usavam longas tranças como sinal de virilidade (de fato, as palavras "cáiser" e "czar" significam ambas "homem de longos cabelos"). Na história bíblica de Sansão, a perda dos cabelos enfraquece o herói e o conduz à derrota, tal como aconteceu anteriormente com o herói Gilgamesh. Na Europa, mais recentemente, as mulheres que haviam colaborado com o inimigo durante a Segunda Guerra Mundial foram punidas com o corte drástico de seus cabelos. [...] Um penteado ou um corte de cabelo podem ser marca de identificação de um grupo, coisa que sempre ocorreu (por exemplo, os militares cortam o cabelo rente ou os padres e monges recebem a tonsura). Na década de 1960, ter cabelos longos, sobretudo se fosse um homem, costumava produzir cáusticos desabafos dos pais, motivo pelo qual o musical *Hair* apresentou um retrato tão verdadeiro de toda uma geração.

Escolha fotografias de personagens famosos ou do álbum de família com características que reflitam sua pele e sua fisionomia. Classifique-as de acordo com um critério que lhe pareça mais conveniente.

Destacar os cabelos dos personagens num texto é uma possibilidade de expressar outras coisas.

Procure relacionar o corte de cabelo de pessoas conhecidas com as características e reações típicas dessas pessoas.

As pernas são um símbolo sensual feminino muito empregado nas narrativas: é conhecidíssima a imagem da atriz tirando as meias de seda, lentamente, nos filmes românticos.

A mão pode realizar ações como detonar uma bomba ou construir edifícios; anotar um número de telefone ou escrever algo. Tocar a mão de outra pessoa pode diminuir a pressão e produzir prazer.

O protagonismo da mão é vital na comunicação, bem como os olhos e o olhar.

A boca determina de modo singular a expressão das pessoas. Sua aparência mais ou menos tensa, lábios grossos ou finos, mostrar os dentes ou escondê-los são alguns dos atributos bucais que você pode levar em conta em sua tarefa de observação.

Exercite algumas expressões com a boca diante do espelho.

O CORPO FALA

Na comunicação entre os indivíduos são fundamentais o modo de se apresentar, a vestimenta, a mímica, os gestos, a postura do corpo, a expressão facial, os movimentos das mãos, das pernas, etc.

Alguns dos gestos mais comuns estão associados à linguagem. Ajudam a traduzir, esclarecer ou complementar uma mensagem. Mostrar coisas, sugerir distâncias, estados de ânimo e emoções é o que, entre outras coisas, os gestos indicam. A ideia é captá-los, sabendo depois descrever um gesto ou narrar uma história a partir do que nos sugerem. É por isso que se costuma dizer que "o rosto é o espelho da alma".

Em *A morte de Ivan Ilitch*, de Liev Tolstói, indicam-se vários gestos significativos: "moveu as sobrancelhas para a direita", "piscou tristemente", "seu olhar zombeteiro", "esfregava as mãos para tranquilizar-se".

Um gesto ou uma atitude sempre envolve alguma parte do corpo. O beijo na ponta dos dedos é, no mundo inteiro, uma forma de demonstrar afeto; coloca-se o dedo polegar no nariz, agitando os outros dedos, para insultar alguém; cruzar os dedos tem vários significados: cruzar o indicador com o médio, escondendo os dedos restantes, é proteção; cruzam-se os dedos quando se diz uma mentira; puxar com um dedo a pálpebra inferior para baixo é estar atento; erguer a ponta do nariz com o dedo indica que outra pessoa se vê como superior.

Os gestos ajudam a escrever um relato, um poema, um romance, uma peça de teatro. Disse Gardner Murphy:

> A gesticulação dos italianos parece ser a expressão de uma existência vivida nas aldeias, onde o espaço é livre, a estrutura familiar é clara e definida, e a conversação assemelha-se em valor expressivo à dança ou ao canto. Sob condições de perseguição econômica e social, o gesto do judeu europeu tende a ser um gesto de fuga ou, perante uma dificuldade, um gesto de agressão localizada contra o objeto mais próximo. A vida das grandes cidades norte-americanas fazem esses dois estilos gestuais perderem sentido e utilidade. Não se trata apenas de imitar a conduta norte-americana. Enfatizemos o próprio papel positivo do gesto na vida social.

Os diferentes tipos de sinais enviados pelo corpo permitem captar determinadas mensagens. A interrogação pode ser acompanhada por um erguimento das sobrancelhas; enumeramos coisas utilizando os dedos. O receptor, ao deparar com a mensagem falada do emissor, capta igualmente o que este diz com os gestos. Muitas vezes os gestos dos interlocutores são intercambiados constituindo um diálogo. Outras vezes, ocorre o que se chama comportamento espelhado: se um sorri, o outro também. Costuma acontecer no começo ou no final de uma conversação.

Margaret Mead explica:

> Nem todos os homens cruzam as pernas com a mesma masculinidade confiante... Nem todas as mulheres caminham aos saltinhos ou se sentam e descansam com as pernas bem juntas, mesmo dormindo.

A mão que se estende para o cumprimento, para enxugar uma lágrima ou ajudar uma criança desconhecida que caiu não tem nenhuma garantia de ser aceita inevitavelmente, ou, se for aceita, que seja no sentido com que é oferecida...

Murphy acrescenta:

> Às vezes as pessoas afirmam a posse de um espaço dentro do território público simplesmente pelo lugar que escolhem ocupar. Numa biblioteca pública vazia, alguém que queira

apenas se sentar escolherá uma cadeira na ponta de uma mesa retangular. Já aquele que deseja desestimular abertamente alguma aproximação futura se sentará na cadeira do meio dessa mesa. O mesmo fenômeno pode ser observado em bancos de praça pública. Se a primeira pessoa que chega se senta numa ponta, e a segunda senta na outra, os demais passantes em geral não terão coragem de se sentar no centro do banco. Por outro lado, supondo-se que se trate de um banco pequeno, se a primeira pessoa a chegar se senta exatamente no centro, talvez consiga ficar com o banco só para si durante um bom tempo.

As atitudes corporais lhe permitirão alcançar, ou ao menos tentar, diferentes finalidades. Uma delas seria utilizar uma atitude como fio condutor da intriga, caracterizar uma situação vivida pelo personagem, diferenciar um personagem dos outros, definir a atmosfera da história.

Para tanto, não tenha pudor e observe tudo sem interrupção, sempre que a ocasião permitir, resgatando um gesto diferente.

Que funções os gestos desempenham?

Cada gesto tem um sentido. Algumas vezes são sentidos evidentes, como quando pedimos a conta num restaurante ou damos adeus a alguém. Os gestos são mais ou menos os mesmos em muitos países, ou com diferenças sutis. Há quem diga, por exemplo, que quando uma mulher mostra a palma da mão a um homem é porque está tentando conquistá-lo.

São sinais conscientes ou inconscientes, que desempenham uma série de funções, como nos mostra a especialista Dominique Picard:

1. Função quase linguística: feita com base em signos ou símbolos conscientes ou intencionalmente utilizados. Por exemplo, acenar com a mão para dizer "adeus", colocar o dedo na têmpora para insinuar que alguém está louco.
2. Função de apoio à linguagem falada: são aqueles gestos e atitudes que acompanham a palavra para reforçar ou ilustrar a expressão verbal. Por exemplo, fazer o gesto de uma queda com as mãos enquanto se diz: "eu vi o homem caindo...".
3. Função imprevista: transmite uma impressão ao receptor para influenciá-lo de algum modo. Por exemplo, tocar o braço de alguém para chamar sua atenção.

4. Função relacional: classifica os comportamentos que expressam relações entre os indivíduos. Por exemplo, a mão apoiada no ombro de outro pode significar afeto protetor; um dedo estendido contra outra pessoa, uma forma de mostrar autoridade.
5. Função de regulação: gestos que regulam a comunicação e a interação. Há gestos que marcam o final de uma frase, uma mudança de tema, etc. Por exemplo, a mão que volta para o peito pode indicar o desejo de tomar a palavra; um deslocamento de todo o corpo, o desejo de encerrar uma conversa.
6. Função simbólica: são os gestos e posturas que adquirem sentido dentro de um ritual. Por exemplo, nos rituais religiosos, o sinal da cruz; em certos rituais sociais, erguer o chapéu para cumprimentar alguém.
7. Função expressiva: são aqueles gestos sem função comunicativa, mas que expressam um estado emotivo ou traços da personalidade. Descarregar a tensão: estalar os dedos, agitar um dos pés, roer as unhas, permitindo ocultar sentimentos; levantar as sobrancelhas demonstra surpresa; sorrir para esconder hostilidade; transformar um bocejo em tosse, esfregar o rosto para dissimular o rubor, etc.

DADOS PARA POSSÍVEIS PERSONAGENS

Muitos principiantes reclamam da falta de imaginação para criar personagens ou de ficarem presos a um personagem sem graça, comum, cujo nome é, em geral, João ou Maria, primeiros nomes que vêm à mente na hora de escrever.

Para que isso não aconteça, você pode recorrer aos seguintes expedientes:

- Usar você mesmo como modelo.
  Observe seu próprio corpo num espelho do pescoço aos pés.
  Compare o que vê com outros corpos.
  Observe durante um bom tempo um dos seus joelhos.
  Tente olhar-se de costas e registre o que você experimenta durante a tentativa.
  Acompanhe seu modo de caminhar nas vitrines espelhadas das lojas.
  Observe o movimento dos seus dedos enquanto estiver digitando no teclado.

- Reunir fotografias, cartões-postais, reproduções de quadros, recortes de revistas, etc., comparando depois, com calma, vários corpos semelhantes: os muito magros, os encurvados, os gordos, etc., para comprovar as diferenças sutis e evitar descrevê-los sempre do mesmo modo.
- Destacar algumas partes do corpo, sem mencionar outras quando estiver descrevendo. É algo que se faz na pintura também. Nos retratos de Rembrandt é chamativo tudo aquilo que ele não pinta: pinta um traço e o olho completa o resto. Escolha aqueles aspectos com os quais possa dar um tratamento peculiar ao texto.
- Descrever as partes do corpo que você considera menos fáceis como um método de pesquisa durante a escrita, para contar com mais fontes. Procure descobrir a razão de sua dificuldade.
- Estudar as posturas durante uma discussão entre várias pessoas — num lugar qualquer ou pela TV — poderá ajudá-lo a descobrir quem está a favor de quem, que temores um falante parece sentir, quando é que alguém mente ou exagera, etc. Faça suas observações.
- Observar as pessoas em certos momentos e lugares, dedicando especial atenção ao movimento das mãos, dos olhos ou da boca, as posturas físicas, observar as pessoas ao seu redor ou aquelas com quem você cruza ocasionalmente numa rua, tudo isso oferece uma verdadeira base de dados criativos. Não deixe de registrar coisas mais específicas, como a expressão facial de seu pai num momento especial, a de um vizinho quando fecha a porta de casa, a de uma mulher jovem que passa a seu lado, a de uma mulher idosa que viaja no banco da frente.
- Anote o que passa por sua cabeça a respeito da aparência física de uma pessoa que você está vendo pela primeira vez; repita esse procedimento daqui a um tempo, quando já tiver se encontrado com ela outras vezes.

> Empregar o próprio corpo como motivação para escrever ou o que você observa nas pessoas que conhece é uma forma de gerar textos.

10.

A concretização
da ideia

Uma primeira imagem, depois outras, uma conexão possível, a sucessão dos episódios, e a ideia completa está agora em sua mente. Ou melhor, você tem um roteiro, ou um esboço. Porque a ideia só estará realmente completa quando tiver sido escrita, concretizada, com as partes organizadas e uma ordem para as imagens e episódios.

Talvez você não tenha reparado, mas concretizar tem a ver com forjar, modelar e formar.

Para concretizar com êxito uma ideia, portanto, é fundamental saber o que você quer dizer para saber o *modo* de dizer, fazendo dessa ideia o eixo do trabalho, eliminando o supérfluo ou as ideias secundárias, e encontrando o arcabouço para desenvolver o seu texto.

DA MENTE PARA O PAPEL

Na mente, a ideia está condensada. No papel é que adquire uma forma.

Às vezes, nós respondemos de modo automático, olhando tudo a partir de um único ponto de vista. Trata-se do pensamento convergente, que deixa de lado o que dizem o instinto e o coração.

É provável, então, que você repita, com estas ou outras palavras, um pensamento muito batido: "Tenho uma ideia, ela está muito clara em minha cabeça, mas quando tento passar para o papel nada dá certo".

O que terá acontecido?

É que em vez de se lançar com a força da emoção e das associações que sua ideia produz, você começou a escrever friamente, recaindo em lugares-comuns. Por você não saber por que está escrevendo, seu texto não contempla a ideia central e, como decorrência, você não consegue entrar na pele de seus personagens.

Não existindo um recipiente adequado para a sua ideia, você se perde em vãs tentativas. A solução é definir a estrutura do texto, com a mesma determinação, persistência e precisão com que você chegou a conceber um argumento.

Talvez seja até o caso de fazer como o poeta francês Paul Valéry, cuja preocupação pela forma era prioritária, ao ponto de pensar em formas sem conteúdo:

> O Cemitério marinho foi apenas, no início, uma imagem rítmica vazia, ou cheia de sílabas inúteis, que me obcecaram por algum tempo. Notei que essa imagem era decassilábica e refleti um pouco sobre esse tipo tão pouco empregado na poesia moderna. Parecia-me pobre e monótono. Era quase nada perto do alexandrino, elaborado prodigiosamente por três ou quatro gerações de grandes artistas.

É possível que as ideias venham ao seu encontro obedientemente e se concretizem com maior precisão no texto se você cuidar da forma que apresentará aos seus leitores. Essa tarefa, a ser realizada do melhor modo possível, é sua.

EVITAR IDEIAS PRECONCEBIDAS

Em geral, as ideias preconcebidas costumam ser falsas.

Sentir-se na obrigação de ter um argumento prévio e completo é uma forma de reprimir as ideias. Ideias são começos, são finais: são pontas. Como a ponta de um novelo que se puxa e, à medida que vai se desmontando, surgem variadas formas impulsionadoras de imagens.

Escrever é um ato libertador, requer simplesmente captar certas técnicas para que o trabalho seja feito de modo preciso e pessoal. Assuma o escrever como um jogo prazeroso, em que você pode mergulhar no seu mundo interior e aproveitar essa riqueza: um mundo que é só seu, cujo valor está na quantidade de material interno para recriar histórias.

Aproveite ao máximo o processo: não se preocupe em atingir resultados imediatos. Deixe suas anotações descansarem um pouco e, mais tarde, volte até elas, procure relacioná-las e descubra o fio da meada.

> Em vez de só querer escrever quando tiver a ideia perfeita, comece logo a escrever.

MÃOS À OBRA

Portanto, como naquela imagem de César Vallejo: "Minha mãe ajeita a gola do meu casaco não porque começa a nevar, mas para que comece a nevar...", devemos colocar a mão na massa para que o texto se torne realidade.

Como disse Maurice Blanchot:

> Para escrever é preciso escrever. Nessa contradição se situam a essência da escrita, a dificuldade da experiência e o salto da inspiração. O salto é a forma ou o movimento da inspiração. Essa forma ou esse movimento não apenas faz da inspiração o que não se pode justificar, mas que esta se reencontra em sua principal característica: nessa inspiração que, ao mesmo tempo e sob o mesmo aspecto, é falta de inspiração, força criadora e aridez intimamente confundidas.

> Procure a ideia no próprio papel, e seu processo mental se ampliará em ondas concêntricas.

NÃO CONFUNDIR UM CLARÃO COM A IDEIA

Mas também pode acontecer que, tão logo apareça a primeira imagem, a ponta, o clarão que uma ideia oferece pareça ser a própria ideia.

Porém não é assim. A ideia tem de ser elaborada, trabalhada, aprofundada, em busca da direção mais adequada e da melhor construção.

Plasmar a ideia em texto exige muito trabalho e muito compromisso.

É o que explica José Luis Sampedro:

> O escritor não para de trabalhar. O escritor está sempre pensando na possibilidade de que as coisas que acontecem em sua vida real se transformem em texto. Vou andando pela rua. Carrego um caderninho e nele vou anotando coisas que poderão ser úteis, por exemplo, para um novo romance. De repente, as ideias chegam, sem que saibamos muito bem por que, e se fixam na mente. Quando tive a ideia do romance *O sorriso etrusco*, eu estava em Estrasburgo, passando alguns dias por volta do Natal na casa de minha filha, que tinha um bebê de nove meses. Numa noite, dessas noites frias que fazem no centro-europeu, o bebê começou a choramingar. Como sempre saio da cama muito cedo, peguei a criança no colo para que sua mãe ou a avó não precisassem se levantar. Enquanto eu ninava a criança, andando pelo quarto, a luz da lua incidia sobre a neve e entrava pela janela. Foi fascinante.

Esses quinze minutos transformaram-se para mim numa eternidade, e fiquei pensando em tudo o que aquele bebê ainda teria de viver, se um dia me conheceria, como seria o seu destino, etc. Em resumo, voltei para a cama com a intenção de escrever um pequeno conto intitulado "O avô" que acabou se tornando um romance com mais de duzentas páginas. Isso mostra que nunca se sabe como será o primeiro passo de um romance. E, como é evidente, cada escritor tem uma forma de desenvolver a trama e de procurar os pontos de apoio para mantê-la viva. Eu demoro bastante para concluir um romance, faço extensa pesquisa. Precisei de cinco anos para terminar *A velha sereia*, não porque eu quis exibir erudição, mas porque tenho uma convicção em meu trabalho de escritor: se eu não acredito naquilo que estou contando, o leitor também não irá acreditar. Por isso eu preciso pesquisar e me documentar muito.

PARTIR DO FRAGMENTO

Se você tem a ideia em sua mente como um filme já pronto, mas quando se volta para o papel ou para a tela do computador vê essa ideia se desmanchar subitamente, deve tentar novas saídas.

Certamente será muito mais produtivo deixar um pouco de lado esse conjunto pronto que se encontra em sua mente, voltando-se para um fragmento desse conjunto, a partir do qual a escrita explodirá em numerosos outros fragmentos. E a ideia tomará corpo, pedaço a pedaço, até encontrar seu verdadeiro sentido.

Não tenha medo de que a ideia se perca no meio do caminho. Se você tiver algo "forte" a dizer, esse algo sempre voltará à tona, ainda que, provavelmente, transformado e organizado de um modo inesperado. É nessa nova organização que talvez resida a chance de um caminho para a concretização. O segredo está em combinar elementos conhecidos com novos elementos.

Em suma, impulsione o pensamento divergente, levando uma parte de sua ideia para o papel e deixando que o texto se desenvolva por um novo caminho. Numa segunda etapa você poderá fazer correções de rumo. Para começo de conversa, porém, escreva.

> Teste sua ideia no contato com o próprio ato de escrever, e não de forma abstrata.

NÃO ESCREVER DOMINADO PELAS EMOÇÕES

Numa primeira aproximação do texto, pode ser que você escreva expressando seu mundo interior, derramando sobre o papel tudo o que passa em sua mente e coração em torno da história a contar, talvez conectada com uma experiência pessoal vivida de modo intensamente emotivo.

Contudo, para obter uma ideia clara e precisa, que dará lugar a um bom material literário, a intensidade emocional não ajuda muito. Será melhor que você espere que essa experiência vivida se distancie e amadureça, o que equivale a dizer que você precisa definir o ponto de vista com que vai narrar sua história e que sentido vai conferir a essa narrativa.

A experiência pessoal deve ser levada em conta, mas tal vivência não é o texto literário.

O que fazer então?

Não se trata de contar os fatos como aconteceram ou como sua imaginação os vê, mas dentro de uma estrutura em que haja intensidade e tensão suficientes para fisgar o leitor.

CONTROLAR AS IDEIAS

Certos autores têm poucas ideias, ou possuem apenas um esboço de ideia, e é desse ponto de partida que pretendem criar um romance. O resultado disso é um rascunho que pode se tornar um romance, mas ainda não é o romance. Falta-lhe unidade e o progresso narrativo está emperrado.

Outros autores querem colocar à força centenas de ideias num só texto.

A falta ou o excesso de ideias são nefastos para a construção de um relato.

Portanto, delimite o terreno e decida o que você deve contar e como fazê-lo.

Nem todos seguem o mesmo procedimento. Há quem não consiga escrever antes de ter pensado muito; outros só entram "em ebulição" quando se sentam para trabalhar diante do papel em branco, elaborando a ideia à medida que escrevem. Há quem precise montar um esquema prévio indicando exatamente qual será o conteúdo e como se organizará. Outros vão descobrindo o que devem fazer no próprio ato de escrever.

Nenhum método é melhor do que o outro, mas escrever implica:

> *Ter uma organização para a ideia.*
> *Pesquisar sobre o tema nos lugares adequados.*
> *Imaginar derivações.*
> *Fazer anotações que, eventualmente, farão parte do futuro texto.*
> *Definir uma trilha e só andar pelas margens e pegar atalhos se isso for conveniente.*
> *Descartar ideias contraproducentes, que têm a ver com a história de um personagem, e não do protagonista em questão, o que pode fazer o leitor perder de vista a ação principal.*
> *Reescrever.*
> *Guardar a primeira versão do texto durante um, dois ou até seis meses, retomando-o então para verificar o que aconteceu com aquele tema em sua mente e no texto.*

Uma forma de trabalhar poderia ser mais ou menos assim:

- Comece a rascunhar suas ideias, dando-lhes algum desenvolvimento.
- Faça uma lista das ideias mais importantes.
- Estabeleça uma sequência de ideias: o que vem primeiro e o que virá depois.

Por exemplo:

1. Desconfiança de que algo estranho irá acontecer.
2. Alguém caminha por um espaço conhecido.
3. Surgem sinais.
4. Reconhecimento dos sujeitos envolvidos no tema.
5. Solução do conflito pela fuga.

Essa lista segue uma ordem lógica. Cada esquema será diferente. O importante é que seja útil. Quando as ideias estiverem claras e organizadas, será a hora de escrever o texto.

A DESEJADA CONCRETIZAÇÃO

Um livro começa a surgir em sua intuição, em sua inteligência e em seu desejo. Você começa a trabalhar nele e consegue concretizar tudo ao definir o que, no começo, era o caos.

Talvez a ideia se concretize quando você puder reconhecer o elemento mais significativo do texto.

Concretizar a ideia é:

1. Saber como dar uma estrutura ao tema. É impossível separar o que se diz do modo como se diz. A ideia não é abstrata. Concretizá-la é unir forma e conteúdo.
2. O argumento você possui e sabe qual a melhor maneira possível de dizer o que pretende dizer, de acordo com sua visão de mundo. Por exemplo, o caminho pode ser a dualidade: um personagem dividido, ou o encontro entre dois personagens, ou a dualidade no agir, ou a dualidade que surge no choque entre dois ambientes, ou entre duas atmosferas diferentes dentro de um mesmo texto ficcional.

Obter um conjunto que faça sentido. Dialogue com o entorno. Saboreie as coisas que existem ao seu redor. Estabeleça um diálogo entre seu espaço interior e o exterior. Encare o mundo como se nele estivessem escondidos os segredos da vida e controle o resultado em seu texto.

11.
Escolha mais ferramentas

Dicionários, gramáticas, manuais, em papel ou na internet, são instrumentos imprescindíveis para solucionar dúvidas e obter maior precisão, ampliar seu campo de possibilidades, reunir documentação confiável ou motivar-se tematicamente.

É bom que você aprenda a reunir seu próprio arsenal, como você achar melhor, sabendo que todo tipo de temática pode deflagrar a escrita.

A DOCUMENTAÇÃO

Quando Gabriel García Márquez estava começando a elaborar *O general no seu labirinto*, romance em que recria ficcionalmente o final dramático de Simón Bolívar, visitou a Biblioteca Nacional da Venezuela, procurou documentos em arquivos públicos de livros e manuscritos raros, enfim, realizou um rigoroso trabalho de pesquisa para determinar, com o auxílio de seu instinto, qual seria, entre as diferentes versões, o autêntico rosto de Bolívar. Não delegou à imaginação esse dado significativo. E disse:

> É uma tristeza ter de ler 120 livros para produzir apenas 120 fichas. Acho que vou escolher o retrato feito na Jamaica, no qual seu cabelo é ondulado e os traços fisionômicos são os de um mestiço, pois ainda não tinha recebido o perfil de um herói romano.

O USO DO DICIONÁRIO

Não devemos usar o dicionário apenas para não repetir palavras de significado semelhante, ou evitar ambiguidades num texto, ou para encontrar o vocábulo mais adequado.

Existem, aliás, vários tipos de dicionários, como o de sinônimos e antônimos, o analógico, o de ideias afins, o de dúvidas gramaticais ou os temáticos. Consultar esses dicionários com frequência é tarefa indispensável.

Escolha outros tipos de dicionários, vendo se são compreensíveis e solucionam as dúvidas que você costuma ter. Ou que possam suscitar ideias novas.

A função principal dos dicionários do idioma é difundir o léxico adotado, permitindo que se encontrem o significado de uma palavra e seus sinônimos, verificar a ortografia, comprovar o uso correto das palavras, conhecer as expressões idiomáticas, identificar o contexto em que determinado termo é usado: trata-se de uma gíria ou é um termo literário?

Há os dicionários etimológicos (a origem das palavras), os de regência verbal e nominal, os que trabalham questões semânticas (uso comum / arcaicas / familiares / figuradas / restritas a certas regiões / jargão técnico).

E você também pode recorrer a uma imensa variedade de dicionários, os literários e os que tratam de todo tipo de especialidades.

DICIONÁRIOS, GRAMÁTICAS E AFINS

Não faltam livros de consulta, extremamente úteis para o escritor.

Os dicionários de palavras, de sinônimos e antônimos, de dúvidas gramaticais, de estilo, de rimas, de termos literários e muitos outros estão à sua escolha:

Dicionário Houaiss da língua portuguesa, Instituto Antônio Houaiss de Lexicografia e Objetiva.

Novo dicionário Aurélio da língua portuguesa, Editora Positivo.

Dicionário de usos do português do Brasil, de Francisco S. Borba, Ática.

Dicionário Houaiss de sinônimos e antônimos da língua portuguesa, Instituto Antônio Houaiss de Lexicografia e Objetiva.

Dicionário analógico da língua portuguesa: ideias afins / thesaurus, Francisco Ferreira dos Santos Azevedo, Lexikon.

Dicionário de dificuldades da língua portuguesa, Domingos Paschoal Cegalla, Nova Fronteira.

Dicionário Houaiss de verbos da língua portuguesa, Vera Cristina Rodrigues, Objetiva.

Dicionário de verbos e regimes, Francisco Fernandes, Globo.

Dicionário de regimes de substantivos e adjetivos, Francisco Fernandes, Globo.

Dicionário prático de regência verbal, Celso Pedro Luft, Ática.

O que muda com o novo acordo ortográfico, Evanildo Bechara, Nova Fronteira.

Escrevendo pela nova ortografia: como usar as regras do novo acordo ortográfico, Instituto Antônio Houaiss e Publifolha.

Vocabulário ortográfico da língua portuguesa, Academia Brasileira de Letras e Global.

Dicionário de linguística, Jean Dubois, Cultrix.

Dicionário de locuções e expressões da língua portuguesa, Carlos Alberto de Macedo Rocha e Carlos Eduardo Penna de M. Rocha, Lexikon.

Dicionário de nomes, termos e conceitos históricos, Antonio Carlos do Amaral Azevedo, Lexikon.

Dicionário etimológico da língua portuguesa – com a mais antiga documentação escrita e conhecida de muitos dos vocábulos estudados, José Pedro Machado, Livros Horizonte.

Dicionário etimológico Nova Fronteira, Antônio Geraldo da Cunha, Nova Fronteira.

Conversando é que a gente se entende: dicionário de expressões coloquiais brasileiras, Nélson Cunha Mello, Leya.

Pequeno dicionário brasileiro da língua morta: palavras que sumiram do mapa, Alberto Villas, Globo.

O pai dos burros: dicionário de lugares-comuns e frases feitas, Humberto Werneck, Arquipélago Editorial.

Gramática do português brasileiro, Ataliba T. de Castilho, Contexto.

Gramática do brasileiro, Celso Ferrarezi Jr. e Iara Maria Teles, Globo.

Gramática Houaiss da língua portuguesa, José Carlos de Azeredo, Instituto Antônio Houaiss de Lexicografia e Publifolha.

Gramática de usos do português, Maria Helena de Moura Neves, Editora Unesp.

DO UNIVERSO LITERÁRIO

Dicionário de termos literários, Massaud Moisés, Cultrix.

História da literatura brasileira: da Carta de Caminha aos contemporâneos, Carlos Nejar, Fundação Biblioteca Nacional e Leya.

Dicionário de Machado de Assis: língua, estilo, temas, Castelar de Carvalho, Lexikon.

O léxico de Guimarães Rosa, Nilce Sant'Anna Martins, Edusp.

Dicionário de lugares imaginários, Alberto Manguel e Gianni Guadalupi, Companhia das Letras.

Dicionário das citações, Ettore Barelli e Sergio Pennacchietti, Martins Fontes.

O livro das citações: um breviário de ideias replicantes, Eduardo Giannetti, Companhia das Letras.

Dicionário de cultura literária: 100 citações e 100 personagens célebres, Frank Lanot, Difel.

Frases geniais que você gostaria de ter dito, Paulo Buchsbaum, Ediouro.

Ironia: frases soltas que deveriam ser presas, José Francisco de Lara, edição do autor.

A construção do livro: princípios da técnica de editoração, Emanuel Araújo, Lexikon.

A arte da ficção, David Lodge, L&PM.

A aventura de escrever: confidências de uma escritora, Suzanne Lipsett, Ágora.

Os segredos da ficção: um guia da arte de escrever, Raimundo Carrero, Agir.

OUTRAS TEMÁTICAS

Existem inúmeros títulos sobre os mais diversos temas que podem nos motivar a escrever, além de serem fonte para pesquisas acerca de alguma ideia. Eis algumas sugestões:

Breve história de quase tudo, Bill Bryson, Companhia das Letras.

Dicionário de simbologia, Manfred Lurker, Martins Fontes.

Dicionário mítico-etimológico (mitologia grega), Junito Brandão, Vozes.

O livro das curiosidades romanas, J. C. McKeown, Gutenberg.

Dicionário cultural da Bíblia, Danielle Fouilloux, Loyola.

O livro das religiões, Jostein Gaarder, Companhia das Letras.

Dicionário filosófico, André Comte-Sponville, Martins Fontes.

Notas

1. ORSENNA, Erik. *A exposição colonial*. Tradução: Rosa Freire d'Aguiar. São Paulo: Paz e Terra, 1990. p. 187-188.
2. MAFFEI, Marcos (seleção). *Os escritores: as históricas entrevistas da Paris Review*. Tradução: Alberto Alexandre Martins e Beth Vieira. São Paulo: Companhia das Letras, 1988. v. 1, p. 74.
3. CALVINO, Italo. *A trilha dos ninhos de aranha*. Tradução: Roberta Barni. São Paulo: Companhia das Letras, 2004. p. 5-6.
4. RODARI, Gianni. *Gramática da fantasia*. Tradução: Antonio Negrini. 11. ed. São Paulo: Summus. 1982. p. 164.
5. MAFFEI, Marcos (seleção). *Os escritores: as históricas entrevistas da Paris Review*. Tradução: Alberto Alexandre Martins e Beth Vieira. São Paulo: Companhia das Letras, 1988. v. 1, p. 15.
6. MAFFEI, Marcos (seleção). *Os escritores: as históricas entrevistas da Paris Review*. Tradução: Bárbara Theoto Lambert, Cecília C. Bartalotti, Celso Nogueira e Luiza Helena M. Correia. São Paulo: Companhia das Letras, 1989. v. 2, p. 56.
7. CORTÁZAR, Julio. *A volta ao dia em 80 mundos*. Tradução: Ari Roitman e Paulina Wacht. Rio de Janeiro: Civilização Brasileira, 2008. tomo I, p. 58-60.
8. VARGAS LLOSA, Mario. *A verdade das mentiras*. Tradução: Cordelia Magalhães. 3. ed. São Paulo: Arx, 2004. p. 20.
9. BAUDELAIRE, Charles. *A Fanfarlo*. Tradução: António Gonçalves. Lisboa: Colares Editora, 1994. p. 17.
10. CORTÁZAR, Julio. Em: *Final do jogo*. Tradução: Remy Gorga, filho. 2. ed. Rio de Janeiro: Expressão e Cultura, 1971. p. 35-36.
11. DERRIDA, Jacques. *Memórias de cego: o auto-retrato e outras ruínas*. Tradução: Fernanda Bernardo. Lisboa: Fundação Calouste Gulbenkian, 2010. p. 11.
12. CERVANTES, Miguel de. *O engenhoso fidalgo D. Quixote de la Mancha*. Tradução: Sérgio Molina. São Paulo: Editora 34, 2002. Primeiro Livro, p. 117-118.

Este livro foi composto com tipografias Minion Pro e Officina Sans
e impresso em papel Off Set 90 g/m² na Formato Artes Gráficas.